THE SMART!

2019년 기업은행 채용 합격문제

참! 좋은 은행
IBK기업은행

IBK기업은행 NCS 직업기초능력평가 직무수행능력평가

NCS

최고의 적중률!! 최고의 합격률!!

대한민국 대표브랜드
국가자격 시험문제 전문출판
에듀크라운
국가자격시험문제 전문출판
http://www.crownbook.com

크라운출판사
국가자격시험문제 전문출판
http://www.crownbook.com

IBK

저자 소개

이광진

- 강사 엔터 대표
- 인크루트 대표 취업 강사
- 한국산업인력공단 인증 NCS 전문가
- 매일경제 취업 특강 강사
- 前) 수도권 4개 대학 취업 컨설턴트

기업은행

김대성

- 고려대학교 교육대학원 평생교육전공 석사
- 現) ㈜ 코리아 에듀케이션 진로 · 취업교육팀 팀장
- 前) 고려대학교 평생교육원 학점은행제 담당 코디네이터(사회복지, 경영)
- 진로상담전문가 과정 2급 수료(한국 가이던스)
- 한국고용정보원 Hi 프로그램 / CAP+ 프로그램 전문 강사

IBK 기업은행 NCS 직업기초능력평가 직무수행능력평가에 가장 빨리 친숙해지는 책

올해 채용 관련 Hot Keyword는 단연 '직무능력'입니다. 불필요한 스펙을 배제하고 현장에서 일을 잘할 수 있는지의 능력을 판단한다는 것입니다. 정부는 이에 따라 NCS(국가직무능력표준안)을 도입하였고, 금융권에서도 이를 기반으로 채용을 진행하고 있습니다. 기존에 기업과 지원자 간의 미스매칭을 줄이면서 기업은 실무에 적합한 인재를, 지원자는 본인의 역량을 적극 활용할 수 있는 기회를 얻게 되었습니다.

IBK 기업은행은 하반기마다 신입사원을 채용하고 있습니다. 채용 절차는 서류전형 – 필기시험 – 역량 면접 – 임원 면접 – 최종합격의 순으로 진행됩니다. 서류전형을 합격한 지원자들도 필기시험과 면접 결과에 따라 합격과 불합격이 갈릴 수 있습니다.

서류전형에 합격한 지원자들은 반드시 필기시험과 면접을 준비해야 합니다. 필기시험은 직업기초능력평가와 직무수행능력평가로 진행되는데, 이는 문제의 핵심을 파악하고 다양한 문제를 풀어봄으로써 숙달할 수 있는 부분입니다. 따라서 직업기초능력에 대한 기본 정보부터 기출문제, 출제예상문제, 모의고사 등을 수록하여 필기시험에 대비할 수 있도록 집필했습니다.

또한 수험생들이 가장 어려워하는 면접에 대한 챕터도 수록했습니다. IBK 기업은행의 면접은 PT 면접, 세일즈 면접, 토론 면접, 인성 면접 등 다양한 형식으로 진행됩니다. 지원자들이 면접의 구성과 현장 분위기, 실전 준비 방법 등을 익히고 면접에서 중요한 포인트를 이해할 수 있도록 내용을 구성했습니다.

취업은 그동안 여러분들이 남몰래 흘려온 피와 땀의 결실입니다. 그 노력이 헛되지 않고 꼭 결실을 맺을 수 있기를 기도하는 마음으로 이 책을 집필했습니다. 모든 수험생들이 IBK 기업은행의 신입사원이 되어 멋진 사회생활을 펼쳐나가길 진심으로 바라며 건투를 빕니다.

감사합니다.

NCS 교재 편찬 저자 일동

IBK 기업은행

NCS 직업기초능력평가 직무수행능력평가

CONTENTS

PART 1 IBK 기업은행 가이드

PART 2 NCS 직무수행능력평가

PART 3 NCS 직업기초능력평가

정답 및 해설

IBK

Industrial Bank of Korea

기업은행 NCS 직업기초능력평가 직무수행능력평가

PART

1

IBK 기업은행 가이드

Industrial Bank of Korea

IBK 기업은행 가이드

01 기업은행 소개

1. 기업은행이란?

참! 좋은 은행 IBK기업은행

기업은행은 1961년에 중소기업의 원활한 금융지원을 위해 중소기업은행법에 따라 설립된 정부가 보증하는 국책은행이다. 창립 이래 고객들의 행복을 최상의 가치로 삼아 온 IBK 기업은행은 중소기업과 국민경제 발전에 기여하며 1,400만 고객과 거래하는 우량은행으로 성장하였다.

IBK는 국내에 597개 지점, 17개 출장소를 설치해 운영하고 있다. 사회공헌활동으로 독거노인 등 소외계층에게 무료점심을 제공하는 '참 좋은 사랑의 밥차' 프로그램, 저신용 · 저소득 금융소외계층의 경제적 자생기반 마련을 위해 2009년 설립한 'IBK 미소금융재단', 근로자 가족 및 소외계층의 복지 향상을 지원하는 'IBK 행복나눔재단'을 운영하고 있다.

자회사로 IBK 캐피탈(구, 기은캐피탈), IBK 투자증권(주), IBK 연금보험(주), IBK 자산운용(주), IBK 저축은행(주) 등이 있다.

| 경영철학 |

강하고 탄탄한, 혁신은행 IBK
(Innovation Bank of Korea)

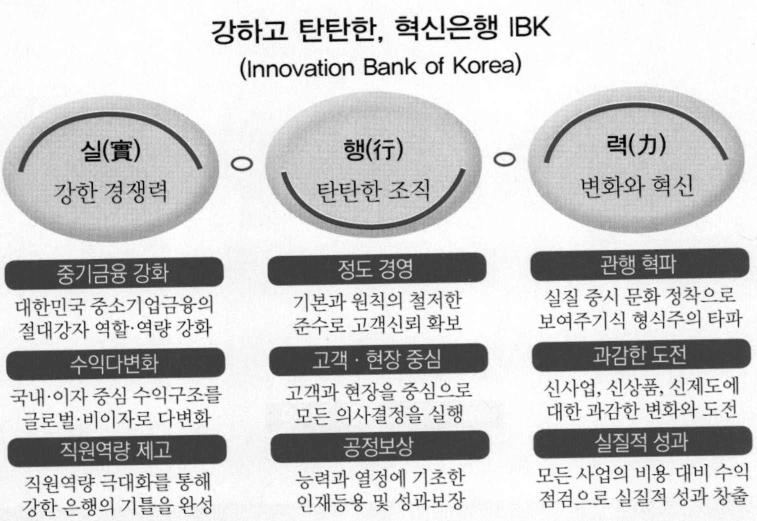

2. IBK 핵심가치

'고객의 행복'은 목표가치로서 IBK 핵심가치 중 '최상의 가치'이다. '신뢰와 책임', '창조적 열정', '최강의 팀워크'는 생활가치로서 목표가치의 실현을 위해 모든 임직원이 일상생활에서 생각하고 행동하는 기준으로 삼아야 할 가치이다.

3. IBK 비전 · 전략

"더 나은 미래를 향한 금융 파트너, IBK"

- 더 나은 미래 : 항상 진취적인 모습으로 새로운 가치를 창출하고, 고객 · 주주 · 직원의 발전에 이바지하겠다는 열정의 표현
- 금융 파트너 : 금융 본연의 역할을 충실히 이행하여 고객의 성공을 위해 항상 함께하겠다는 의지를 표현
- IBK : 우리나라 대표 국책은행으로서 공공성과 공익성을 기반으로 국가성장에 기여하겠다는 다짐의 표현

4. IBK 인재육성 및 복리후생

| IBK 인재육성 |

(1) 글로벌 역량을 갖춘 핵심 인재 육성

① 국내외 MBA 과정 연수

- 국외 : 코넬대, 미시건대, 워싱턴대, 아이오와대, 일리노이대, 선더버드대, 인디애나대, 런던비즈니스스쿨, 버밍엄대, 쾰른대, 와세다대, 정법대, 헬싱키대 등
- 국내 : KAIST(테크노경영전공, 금융공학, 경영정보전공 등), KDI(파이낸스, 전략경영 등)

▶ 해외 벤치마킹 및 테마별 국외연수, 어학능력향상 연수 등

(2) 다양한 분야의 전문인력 육성

국제금융, 자산운용, 리스크 관리, 여신 · 외환심사, PB 등 다양한 분야의 경력개발 지원

(3) 자기주도의 경력개발 지원

본인 학자금 지원(대학원 포함), 각종 자격증 취득 지원, 자기개발비 지원

(4) 국내 최고의 연수시설 및 인프라 구축

기흥연수원 등 최고 수준의 연수시설, 사이버 연수원 운영

| 복리후생 |

(1) 급여

은행권 최상위 수준

(2) 복지제도

- 주거안정 지원 : 무주택자를 위한 임차주택 대여, 독신자 합숙소 운영, 임직원 신용대출
- 직원건강 및 여가활동 지원 : 종합건강진단, 직원가족 건강진단, 의무실 운영, 콘도미니엄 대여 및 휴양소 운영
- 기타 : 선택적 복지제도, 재해부조금 및 각종 경조금 지원, 자녀 유치원비 및 의료비 지원

5. IBK HR 비전

"인재를 중시하는 기업은행"

(1) 최고의 인재(Best Human Power)

- 최적의 인재 선발
- 인재육성을 위한 지속적인 투자와 지원
- 경쟁력 있는 보상수준 확보

(2) 최고의 직장(Best Workplace)

• 일할 맛 나는 근로환경 제공
• 열린 의사소통을 통한 신뢰의 조직 분위기 형성
• 직장과 가정생활의 적절한 조화 배려

(3) 최고의 시스템(Best System)

• 직원가치 향상을 위한 체계적인 경력개발
• 공정하고 투명한 육성 중심의 평가
• 합리적인 보상

6. IBK 인재상

시장경쟁력을 갖추고 고객을 감동시키며 성과를 창출하는 인재

• 세계인(Global Perspective) : 글로벌 인재로서의 역량을 보유하여 IBK 기업은행이 세계적으로 나아가도록 기여할 수 있는 인재
• 책임인(Responsible Attitude) : 자신이 맡은 일에 책임을 다하여 업무 수행을 함으로써 자신의 역할을 다함은 물론 함께 일하는 동료에게 피해를 주지 않는 인재
• 창조인(Top Performance) : 남들과는 차별화된 생각을 통하여 혁신적인 변화를 주도할 수 있는 인재
• 도전인(Achieving Challenge) : 달성하기 어려운 목표나 어려움에 부딪쳤을 때 포기하지 않고 계속해서 나아갈 수 있는 도전정신이 있는 인재

☞ 인사담당자의 말

시장경쟁력을 갖추고, 고객을 감동하게 하며, 성과를 창출할 수 있는 인재를 선호합니다. 업무 특성상 의사소통능력이 굉장히 중요하죠. 기업은행 내에서 성과라고 하면 개인의 성과라기보다는 팀이나 지점 단위로 평가하는 편이라서, 고객뿐 아니라 팀 내에서 적응하고 조화를 이루는 의사소통능력을 중요하게 생각합니다. 당연히 배려심도 중요하고요.

02 기업은행 채용 정보

1. 채용분야 및 직무 설명자료

| 채용분야 |

구분	활용분야
일반 (금융영업)	(기업금융) 기업심사, IB, 국제무역, 기술금융 등 (개인금융) 가계여신, PB/WM, 개인상품개발 등
디지털	IT 및 핀테크, AI(인공지능), 빅데이터, 사물인터넷(IoT), 블록체인, 코딩, 데이터마이닝 등

| 직무 설명자료 |

• NCS기반 채용직무 설명자료 : 일반(금융영업)

채용분야	일반 행원	분류체계	대분류	03. 금융·보험		
			중분류	01. 금융		
			소분류	01. 금융영업		
			세분류	01. 창구사무	02. 기업영업	03. PB영업
은행소개	• IBK기업은행은 국가경제의 초석인 중소기업의 경제활동을 지원하고 그 경제적 지위의 향상을 돕기 위해 1961년에 설립된 국책은행으로, 설립 이래 반세기 동안 중소기업 지원·육성을 통해 국민경제 발전에 기여해 왔음 • IBK기업은행은 "더 나은 미래를 향한 금융 파트너, IBK"라는 비전을 달성하기 위해 자금 공급자, 금융 조력자를 넘어 기업의 생애주기 전반의 '성장 동반자' 역할을 수행하는 '동반자 금융'을 실천하고 있음 • CEO경영철학인 '실행력'을 바탕으로 "강하고 탄탄한, 혁신은행 IBK"를 완성하기 위해 전 임직원이 공감대를 형성하여 IBK의 지속가능한 미래를 준비하고 있음 • 주요사업 : 기업 및 개인금융, 중소기업컨설팅 등					
핵심책무	• 고객창출 • 고객관리 • 고객상담 • 거래약정·심사 • 고객 제안·협상 • 금융소비자 보호					
직무수행 내용	• (고객창출) 다양한 채널을 통하여 거래하고 있지 않은 고객의 정보를 수집·분석하고, 재무 및 비재무 항목 등을 반영하여 거래가망 대상고객을 선정함. 또한, 기존 고객의 거래심화를 위하여 거래현황을 분석하고 필요한 상담을 준비함 • (고객상담) 경청·질문·확인을 통해 고객의 니즈를 정확하게 파악하고, 금융지식과 객관적 자료에 근거하여 고객의 요청에 부응하는 해결방안을 제시함 • (고객 제안·협상) 고객의 니즈에 맞는 금융상품을 선택하고 구성하여 고객에게 알기 쉽게 설명함. 또한 질문을 통해 제안 내용에 대한 고객의 이해 정도, 투자 목적과의 적합 여부 파악 및 협상과정에서 발생된 새로운 니즈에 대해 능동적으로 대처함 • (고객관리) 고객으로부터 취득한 정보를 고객관리시스템에 등록하고, 고객의 재무적·비재무적 니즈의 변화를 파악하여 고객 정보를 지속적으로 업데이트함. 고객과의 접점 마련을 위한 다양한 마케팅 활동을 추진하고, 고객에 맞는 금융서비스를 제공함으로써 고객만족도를 제고하고 지속적으로 고객과의 관계를 강화함					

	• (거래 약정·심사) 고객으로부터 금융 거래에 수반되는 제반 약정서류를 받고 관련 법률 및 내부규정에 따라 거래가 적절히 이루어졌는지 파악함 • (금융소비자 보호) 고객의 안전한 금융거래를 위해 업무처리 관련 법규와 감독기준에 따라 고객정보에 대한 보안과 관리의무를 준수하여 고객정보의 수집·이용·제공·파기 절차를 처리함. 또한, 상품별 약관의 주요내용, 필수안내 사항을 고객에게 설명하는 등 상품별 완전 판매절차를 준수하여 민원을 사전에 예방하면서 고객요청 업무를 처리함

전형방법	서류전형 → 필기시험 → 역량면접 → 임원면접	
일반요건	연령	무관
	성별	무관
교육요건	학력	무관
	전공	무관
필요지식	금융상품에 대한 이해, 금융상품의 판매절차 및 특성, 고객상담 프로세스 및 응대 방법, 고객관계관리(CRM) 활용, 고객 거래 현황, 재무제표의 이해, 개인정보보호 관련 법률, 금융실명제 관련 법률 등	
필요기술	공감적 경청 능력, 상호 소통 능력, 정확한 고객의 니즈를 파악하는 능력, 금융상품에 대한 비교·설명 능력, 상품제안 및 협상 진행 능력, 의견 조율 능력, 고객관계관리(CRM) 활용 능력, 재무제표 분석 능력, 고객 만족도 파악 능력, 취급업무의 적정성 판단 능력, 관련 규정 및 절차 설명 능력 등	
직무수행태도	• (최강의 팀워크) 상호 소통하려는 자세, 다양한 의견에 대한 경청, 협력적 자세, 원활한 대인관계, 새로운 니즈에 대해 적극적으로 수용하는 자세 • (창조적 열정) 적극적인 마케팅 노력, 업무프로세스 개선 의지, 보완하고 개선할 사항에 대해 적극적으로 탐색하는 자세 • (신뢰와 책임) 관련 법령·규정·지침에 따른 컴플라이언스 기준 준수, 고객 비밀 준수 및 개인정보보호, 업무를 공정하게 처리하려는 자세 • (고객의 행복) 고객 중심 마인드, 고객과의 적극적인 소통 의지, 고객의 니즈를 파악하여 해결방안을 제시하고자 하는 노력, 고객의 입장을 배려하는 태도 ※ 선정된 직무수행태도를 IBK핵심가치에 맞게 분류하여 표시함	
필요자격	• 필요자격 : 무관 • 우대자격 : CFA, CFP, FRM, CDCS, 공인회계사, 변호사, 세무사, 보험계리사, 감정평가사, 공인노무사, 관세사	
직업기초능력	의사소통능력, 수리능력, 문제해결능력, 자원관리능력, 정보능력, 조직이해능력	
참고사이트	www.ncs.go.kr 홈페이지 → NCS 학습모듈 검색	

• NCS기반 채용직무 설명자료 : 디지털

채용분야	디지털	분류체계	대분류	20. 정보통신		
			중분류	01. 정보기술		
			소분류	02. 정보기술개발	03. 정보기술운영	04. 정보기술관리
			세분류	01. SW아키텍처 02. 응용SW엔지니어링 04. DB엔지니어링	01. IT시스템관리 03. IT기술지원	01. IT프로젝트관리

은행소개	• IBK기업은행은 국가경제의 초석인 중소기업의 경제활동을 지원하고 그 경제적 지위의 향상을 돕기 위해 1961년에 설립된 국책은행으로, 설립 이래 반세기 동안 중소기업 지원·육성을 통해 국민경제 발전에 기여해 왔음 • IBK기업은행은 "더 나은 미래를 향한 금융 파트너, IBK"라는 비전을 달성하기 위해 자금 공급자, 금융 조력자를 넘어 기업의 생애주기 전반의 '성장 동반자' 역할을 수행하는 '동반자 금융'을 실천하고 있음 • CEO경영철학인 '실행력'을 바탕으로 '강하고 탄탄한, 혁신은행 IBK'를 완성하기 위해 전 임직원이 공감대를 형성하여 IBK의 지속가능한 미래를 준비하고 있음 • 주요사업 : 기업 및 개인금융, 중소기업컨설팅 등
핵심책무	• SW아키텍처 • IT시스템관리 • DB엔지니어링 • 응용SW엔지니어링 • IT기술지원 • IT프로젝트관리
직무수행 내용	• (SW아키텍처) SW아키텍처에 요구되는 기능·성능·보안 등 품질속성을 반영하여 SW구성요소를 설계·구현·검증·변화관리 • (응용SW엔지니어링) 컴퓨터 프로그래밍 언어로 각 업무에 맞는 소프트웨어의 기능에 관한 설계·구현 및 테스트를 수행하고 사용자에게 배포하여 버전관리를 통해 제품의 성능을 향상시키고 서비스를 개선 • (DB엔지니어링) 데이터에 대한 요구사항으로부터 데이터베이스를 설계·구축·전환하고 데이터베이스가 최적의 성능과 품질을 확보하도록 함 • (IT시스템관리) 시스템을 안정적이고 효율적으로 운영하고 관리하기 위하여 하드웨어 및 소프트웨어의 지속적 점검과 모니터링을 통해 제반 문제점들을 분석하여 사전 예방활동 및 발생된 문제에 대해 적절한 조치를 수행 • (IT기술지원) 고객서비스 대상 정보시스템이나 솔루션의 구축 환경에 대한 이해를 바탕으로 전문 기술지원 체제를 갖추고 고객 요청에 따라 장애 처리, 시스템 개선 및 정기 점검 등을 수행·관리 • (IT프로젝트관리) IT프로젝트 인도물의 납기 준수를 위하여 IT프로젝트를 기획하고 범위·일정·원가·인적자원·품질·위험·의사소통·조달·변경·보안·정보시스템·성과 등 통합 관리

전형방법	서류전형 → 필기시험 → 역량면접 → 임원면접	
일반요건	연령	무관
	성별	무관
교육요건	학력	무관
	전공	이공계열 및 자연계열 관련 전공자 또는 IT 근무 경력자
필요지식	• 소프트웨어 공학, 알고리즘에 대한 이해, 개발 방법론 이해, 소프트웨어 아키텍처에 대한 이해, 프로그램언어 활용방법의 이해, 데이터베이스 이해, 데이터아키텍처 작성이론, DBMS 구성방법, 데이터베이스 모델링에 대한 지식, 데이터베이스 표준화 지식, SQL 문법과 사용방법, IT정보기술 기본 이론, 네트워크 이해, 운영체제	
필요기술	• 소프트웨어 개발 기술, 의사소통 능력, 요구사항 분석 능력, 알고리즘 이해·적용 능력, 프로그램 디버깅 기법, SW구현 도구 활용 능력, 프로그래밍 언어 활용 능력, 프로그래밍 분석 기술, 기존 아키텍처를 이해하는 능력, 개발표준을 이해하고 프로그램 개발에 적용하는 기술, 기술적 의사소통 및 문서작성 능력, 데이터베이스 활용 기술, DBMS 구성 및 관리기술, 데이터 표준화 기술, 데이터 품질관리 능력, 데이터베이스 정규화 기술, 응용 소프트웨어(시스템) 데이터 분석 수행 능력, 네트워크 구성 및 관리 능력	

직무수행태도	• (최강의 팀웍) 적극적으로 커뮤니케이션 및 협업하려는 태도, 개발 팀원 간의 원활한 협업을 추구하는 태도 • (창조적 열정) 요구사항을 해결하기 위한 적극적이고 창의적 사고, 분석적인 사고를 하려는 태도 • (신뢰와 책임) 관련 법규나 규정을 준수하는 태도, 시스템 개발 전 과정의 품질에 대한 책임감, 소프트웨어(시스템) 기능 관련 문제점 개선을 위한 의지, 기술기준을 준수하려는 태도, 개발 수행에 요구되는 표준을 준수하려는 태도 • (고객의 행복) 고객을 적극적으로 이해하고 수용하기 위한 태도, 제품의 품질 및 고객 우선주의 태도 ※ 선정된 직무수행태도를 IBK핵심가치에 맞게 분류하여 표시함
필요자격	• 필요자격 : 무관 • 우대자격 : CISA, CISSP
직업기초능력	의사소통능력, 수리능력, 문제해결능력, 자원관리능력, 정보능력, 조직이해능력
참고사이트	www.ncs.go.kr 홈페이지 → NCS 학습모듈 검색

2. 채용프로세스

서류전형 ➞ 필기시험 ➞ 역량 면접 ➞ 임원 면접 ➞ 최종합격

| 서류전형 |

① IBK기업은행에서 서류를 통하여 지원자들을 1차적으로 검증하는 단계이다.

② 자기소개서 항목

- 은행원이 되고 싶은 이유와 왜 IBK 기업은행을 지원하였는지 진솔하게 설명해주십시오.
- 지금까지 본인이 한 일 중에서 가장 창조적이고 혁신적인 것은 무엇이며, 이를 통해 어떤 변화가 있었는지 설명해주십시오(각종 공모전 제외).
- 타인과 이해가 상충되는 상황에서 본인이 양보하거나 희생한 사례에 대해 이야기하고, 왜 그러한 선택을 하였는지 설명해주십시오.
- 삶에 대한 본인의 가치관을 가장 잘 표현할 수 있는 단어는 무엇이며, 그 가치관이 형성된 계기(사례)를 구체적으로 설명해주십시오.
- '고객 만족'을 이끌어낼 수 있는 본인의 역량은 무엇이며, 그러한 역량을 발휘한 경험을 서술해주십시오.

| 필기시험 |

직업기초능력 6개 영역(70문항) + 직무수행능력 영역(30문항)

① 직업기초능력 시험 : NCS 직업기초능력 10가지 영역 중 6영역의 70문항을 풀어야 하는 시험이다. 직업기초능력 항목에는 의사소통능력, 수리능력, 문제해결능력, 자원관리능력, 정보능력, 조직이해능력이 포함된다.

② 직무수행능력 영역 : 일반(경제 · 금융/일반사회 등), 디지털(해당분야 기초지식/일반 사회 등)로 구분하여 해당분야의 직무수행능력을 평가한다.

| 역량 면접 |

① 1박 2일 합숙으로 진행되며 신입 행원이 멘토로 함께한다. 팀 프로젝트, 자기 PR, 상황극, 개별 면접 등 다양한 면접 방식을 통하여 지원자들을 평가한다.

② 협동성, 문제해결능력, 영업력, 논리력, 상담능력 등을 평가한다.

| 임원 면접 |

① 자기소개서를 기반으로 지원자의 IBK 입행 의지와 열정을 평가한다.

② 입행의지, 가치관, 인성, 조직적합성 등을 평가한다.

PART

2

NCS 직무수행능력평가

I
B
K

취업시험 합격의 신화 에듀크라운

Chapter 01 일반 분야

1. 일반 분야 개요

일반 분야의 경우, 채용 분야의 대부분이 금융 영업 파트에 채용될 인원이기 때문에 기업금융(기업심사, IB, 국제무역, 기술금융 등) 및 개인금융(가계여신, PB, 개인상품 개발 등)에서 입행할 수 있는 직원들이 가져야 할 기본적인 직무수행능력을 평가하는 데에 그 의의를 둘 수 있다.

2. 일반 분야 출제 범위 및 내용

① 경제 · 금융 분야 : 은행원으로서의 금융영업에 필요한 기초적인 금융지식과 일반 경제지식을 묻는 내용으로 출제

② 일반사회 분야 : 은행원으로서 필요한 기초적인 상식 및 시사 관련된 다양한 내용을 기반으로 출제

※ 일반 분야 시험 준비전략

직업기초능력평가와는 다른 직무수행능력평가이기 때문에 입행하려는 분야에 대한 기초적인 지식과 용어들을 묻는 문제들이 주로 출제되었으며(2017년 기출 기준), 이러한 방향성을 기반으로 시험을 준비하는 것이 필요하다.

1. 직무 관련(경제 · 금융 파트) 문제를 자주 접해라!

NCS 직무수행능력 문제 중 본 직무와 관계된 분야(경제 · 금융 파트)에 관련된 문제를 많이 접해보고 풀어보는 것이 중요한 전략이다. 이와 관련된 문항들은 경제 · 금융 분야에 관련된 다양한 용어와 과정들을 물어보는 문제가 대부분이며, 이와 관련된 시험(매경 Test, TESAT 등) 준비 자료 등을 참고하는 것도 좋은 방법 중 하나이다.

2. 경제 · 금융 관련 용어들을 꼼꼼히 확인하라!

은행 관련 실무에 주로 쓰이는 주요 자료들의 대부분은 경제 · 금융관련 용어에 대한 이해가 기초

적으로 많이 필요하다. 실전 문제에서도 자주 쓰이는 경제 · 금융관련(예 랩어카운트, ISA, PER, ELS, ESW 등) 용어에 대한 정리가 필요하다. 특히 이와 관련된 문제를 풀면서 각 용어에 대한 정리도 병행하는 것이 시험에 큰 도움이 될 수 있다.

3. 최근의 다양한 시사 이슈 및 트렌드 등에 대한 이해를 기반으로 한 문제가 출제된다!

일반사회 분야의 문제는 앞서 언급한 대로 기초적인 상식 및 시사에 관련된 다양한 내용의 문제가 출제된다. 이에 대한 대비는 최근 우리 사회에서 일어나고 있는 정치, 경제, 사회분야의 다양한 이슈들에 대한 기초적인 이해 및 관심이 필요하며, 최근 각 분야에서 이슈화되고 있는 주제를 기반으로 한 기초 상식 용어, 기초 법령(헌법 및 법률 상 기관, 제도 등)에 대한 용어 정리를 병행한다면 본 시험에 큰 도움이 될 수 있다.

일반 분야 기출예상문제

01 **다음 중에서 수요/공급에 관한 설명으로 옳은 것은?**

① 소득이 증가하면 재화에 대한 수요량이 증가한다.
② 휘발유 값이 많이 오르면 자동차의 수요가 증가한다.
③ 반도체 가격이 상승하면 개인용 컴퓨터의 공급곡선이 우하방으로 이동한다.
④ 수요가 증가하고 공급이 감소하면 희소성이 높아진다.

02 **하나의 재화의 대한 한계효용이 0일 때 다음 중 옳은 것은?**

① 총효용이 최대이다.
② 총효용도 0이 된다.
③ 평균효용과 한계효용이 같아진다.
④ 효용극대화 조건을 만족시킨다.

03 **다음 중 무차별곡선의 기본적 성질을 표현하는 것이 아닌 것은?**

① 각 재화가 정의 한계효용을 가지고 있는 한 무차별곡선은 좌상으로부터 우하향하는 형태를 취하게 된다.
② 무차별곡선의 모든 점은 반드시 동등한 만족을 주는 두 재화의 여러 가지 조합점을 표시하는 것은 아니다.
③ 무차별곡선은 어떠한 경우에도 다른 무차별곡선과 교차하는 일이 없다.
④ 무차별곡선은 원점에서 거리가 멀어질수록 더욱 더 큰 효용을 갖는다.

04 **불황 하에서 인플레이션이 수습이 안 되는 상황을 나타내는 것은?**

① 슬럼플레이션
② 붐플레이션
③ 디플레이션
④ 스태그플레이션

05 완전경쟁시장에서 기업의 단기공급곡선에 대한 설명으로 옳지 않은 것은?

① 한계비용이 평균가변비용보다 큰 경우에는 한계비용곡선이 단기공급곡선이다.
② 한계비용이 손익분기점보다 낮은 경우 단기공급곡선은 한계비용곡선이다.
③ 단기공급곡선이 우상향하는 부분에서 이 기업은 손실을 보지 않는다.
④ 한계비용이 평균비용보다 높은 경우에 단기공급곡선상의 점들은 초과이윤을 보장한다.

06 제주도에서의 귤 생산에 있어서 만약 토지 1단위의 비용이 100원이고, 노동 1단위의 비용이 300원일 때, 귤 생산자가 최소비용상태에 있기 위해서 해야 할 행동으로 옳은 것은?

① 토지의 한계생산이 노동의 한계생산의 3배가 되도록 하여야 한다.
② 노동의 한계생산이 토지의 한계생산의 3배가 되도록 하여야 한다.
③ 토지의 한계생산과 노동의 한계생산이 같도록 하여야 한다.
④ 사용된 토지의 양이 사용된 노동의 양의 3배가 되도록 하여야 한다.

07 다음 중 파레토 효율성의 개념은?

① 주관적 가치판을 개입시키지 않고 여러 경제 상태를 비교하기 위한 것이다.
② 적정소득분배와 동시에 최적자원배분을 해결하기 위한 개념이다.
③ 사회후생의 극대화를 얻기 위한 것이다.
④ 공공재와 외부경제성이 존재할 때 최적자원배분을 얻기 위한 개념이다.

08 다음 중 경제관련 체계 중 성격이 다른 하나는?

① FTA
② EU
③ NAFTA
④ WTO

09 급격한 경기침체나 실업증가를 일으키지 않으면서 경제성장률을 낮추는 것을 의미하는 경제용어는?

① 연착륙
② 리커노믹스
③ 아베노믹스
④ 양적완화

10 **비대칭적 정보의 현상 혹은 그에 따른 결과를 설명하는 것으로 옳지 않은 것은?**

① 기업의 어떤 한 직원이 직무를 열심히 하지 않는다.
② 중고차 시장에서 질 나쁜 차량이 거래된다.
③ 임금은 여러 기준에 따라 격차가 발생한다.
④ 항공사 승객의 체류기간에 따라 다른 왕복요금을 부과한다.

11 **다음 중 용어들에 대한 설명으로 옳지 않은 것은?**

① PBR : 주가를 한 주당 순자산으로 나눈 것으로, 주가순자산비율이라고 한다.
② ROE : 장기순기익(10년 이상)을 달 이익으로 나눈 것으로, 자기자본이익률이라고 한다.
③ PER : 현재 주가를 주당이익으로 나눈 것으로, 주가수익률이라고 한다.
④ ROA : 기업의 일정기간 순이익을 자산총액으로 나누어 계산한 수치로, 총자산순이익률이라고 한다.

12 **디지털 플랫폼을 기반으로 상품과 서비스의 수요자와 공급자가 거래하는 경제 활동을 무엇이라고 하는가?**

① 디지털 경제
② 커머스 경제
③ 플랫폼 경제
④ 쉐어링 경제

13 **근로자와 자영업자, 농어민의 재산 형성을 지원하기 위해 2016년에 도입된 제도로 개인 종합자산관리 계좌라고도 하며 하나의 통장으로 예금이나 적금은 물론 주식 · 펀드 · ELS 등 파생상품 투자가 가능한 통합계좌를 무엇이라 하는가?**

① ISA
② ETF
③ ELD
④ ELW

14 **거미집 모형에 대한 설명으로 옳지 않은 것은?**

① 시간의 흐름에 따라 가격과 수량 간에 주기적인 변동경로를 보여주는 모형이다.
② 수요와 공급의 즉각적 반응을 통해 균형가격을 형성하면서 생기는 모형이다.
③ 부동산 시장, 농산물 시장 등에 자주 나타난다.
④ 가격의 변동과 수급의 변화를 그래프로 나타내면 거미집과 같은 데서 유래되었다.

15 도시가 급격하게 팽창하면서 시가지가 도시 교회지역으로 질서 없이 확대되는 현상은 무엇인가?

① 공동화 현상
② 도넛화 현상
③ J턴 현상
④ 스프롤 현상

16 어떤 재화에 대한 사람들의 수요가 많아지면 주변의 다른 사람들도 그러한 경향에 따라서 그 재화의 수요를 더 증가시키는 효과를 무엇이라 하는가?

① 베블런 효과
② 백로 효과
③ 밴드왜건 효과
④ 언더독 효과

17 다음 중 전시효과와 같은 의미로 쓰일 수 없는 것은?

① 마태효과
② 시위효과
③ 데모효과
④ 과시효과

18 구매이력, 상품정보, 인구통계학 데이터 등을 분석하여 개인에게 맞는 상품을 모바일, TV 상에서 편리하게 쇼핑하도록 유도하는 것은 무엇인가?

① 소셜 커머스
② 데이터 커머스
③ 스마트 커머스
④ 모바일 커머스

19 아래와 같은 특징을 가진 간접투자상품은?

- 고객 개인별로 맞춤식 형태의 투자 포트폴리오를 구성할 수 있다.
- 고객의 금융자산을 포괄적으로 관리하는 금융상품이다.

① MMF
② 랩어카운트
③ 은행신탁
④ 뮤추얼펀드

20 **대성이와 진우는 사무실을 공유하고 있다. 대성이는 사무실에서 흡연을 원하며 이를 통해 20,000원 가치의 효용을 얻는다. 반면 진우는 사무실에서 금연을 통해 상쾌한 공기를 원하며 이를 통해 10,000원 가치의 효용을 얻는다. 코즈의 정리(Coase Theorem)와 부합하는 결과로 옳은 것은?**

① 진우는 대성이에게 20,000원을 주고 사무실에서 금연을 제안하고, 대성이는 제안을 받아들인다.
② 진우는 대성이에게 15,000원을 주고 사무실에서 금연을 제안하고, 대성이는 제안을 받아들인다.
③ 대성이는 진우에게 11,000원을 주고 사무실에서 흡연을 허용할 것을 제안하고, 진우는 제안을 받아들인다.
④ 대성이는 진우에게 9,000원을 주고 사무실에서 흡연을 허용할 것을 제안하고, 진우는 제안을 받아들인다.

21 **실정법(實定法)과 자연법(自然法)에 관한 설명으로 옳지 않은 것은?**

① 자연법은 형식적 법치주의를 지향하게 된다.
② 자연법은 개인주의, 자유주의로 확장되어 근대 시민혁명에 사상적 기반을 제공하였다.
③ 실정법은 주로 입법 절차에 제정된 법률, 명령, 조례, 규칙 등을 포함한다.
④ 실정법에서는 과학적 근거가 취약한 자연법보다는 현실적으로 효력을 인정받는 실정법을 통해 다수의 권리를 보장하는 것이 훨씬 낫다고 한다.

22 **권리, 의무의 취득에 대한 설명으로 옳지 않은 것은?**

① 원시적 취득(절대적 취득)이란 권리 또는 의무가 어떤 사실에 의하여 종전의 권리, 의무와는 관계없이 특정의 주체에 결부하는 것을 말한다.
② 승계적 취득(상대적 취득)이란 법적 원인에 의하여 이미 가지고 있던 권리, 의무에 그 본질적 변화없이 다만 그 주체를 달리하는 것을 말한다.
③ 상대적 취득에는 설정적 취득, 이전적 취득 등이 있으며 이전적 취득이란 전주체가 가지는 권리, 의무를 승계인(취득인)이 그대로 승계하는 것을 말한다.
④ 원시적 취득에는 매매에 의한 소유권의 취득, 상속에 의한 피상속인의 권리취득 등이 있고 승계적 취득에는 무주물의 취득계약에 의한 채권, 채무의 발생 등이 있다.

23 **우리나라 헌법에 관한 설명 중 옳지 않은 것은?**

① 대통령의 계엄선포권을 규정하고 있다.
② 국가의 형태로서 민주공화국을 채택하고 있다.
③ 국무총리의 긴급재정경제처분권을 규정하고 있다.
④ 국제평화주의를 규정하고 있다.

24 **지식인이나 종교계 인사 등이 나라의 시대 상황에 대해서 자신들의 우려를 표명하며 해결하기를 촉구하는 것을 일컫는 용어를 무엇이라 하는가?**

① 시국선언
② 출마선언
③ 양심선언
④ 공동선언

25 **선거의 4대 원칙에 속하는 것이 아닌 것은?**

① 보통선거
② 비밀선거
③ 자유선거
④ 평등선거

26 **다음 중에서 레임덕(lame duck) 현상에 대한 설명으로 옳은 것은?**

① 외채 상황이 어렵게 된 후진국의 경제혼란현상이다.
② 군소정당의 난립으로 인한 정치적 혼란현상이다.
③ 선진국과 후진국 사이에 나타나는 경제적 갈등현상이다.
④ 집권자의 임기 말기에 나타나는 정치력 약화현상이다.

27 **다음 중에서 중임이 불가능한 사람은?**

① 국회의장
② 감사원장
③ 헌법재판소 재판관
④ 대법원장

28 **다음 중 각종 규제정책에 대한 설명으로 옳지 <u>않은</u> 것은?**

① Lowi는 정책의 한 유형으로 규제정책을 제시하였다.
② 개인, 조직의 행동이나 재량권에 제재나 제한을 가한다.
③ 환경오염, 독과점을 방지할 때 많이 사용되는 정책이다.
④ 재산이나 권리를 많이 소유한 집단에게서 그렇지 않은 집단으로 이전시킨다.

29 **우리나라의 옴부즈맨 제도인 국민권익위원회에 대한 설명으로 옳은 것은?**

① 헌법상 기관이 아닌 법률상 기관이다.
② 외부통제수단의 일종으로 정부로부터 독립적이다.
③ 접수된 고충민원은 접수일로부터 1년 이내에 처리해야 한다.
④ 위원회의 결정은 법적 구속력 또는 강제집행력을 가진다.

30 **다음 중 일반 국민들을 배심원으로 선정하여 유 · 무죄의 평결을 내리게 하는 한국형 배심원 재판제도를 뜻하는 말로 옳은 것은?**

① 배심원제도
② 추심원제도
③ 전관예우제도
④ 국민참여재판제도

Chapter 02 디지털 분야

1. 디지털 분야 개요

디지털 분야의 경우, 채용 분야의 대부분이 IT, 핀테크, AI, 빅데이터, 사물인터넷, 블록체인, 코딩, 데이터마이닝 등의 파트에 채용될 인원이기 때문에 관련지식에 대한 능숙한 이해가 되어있는지가 중요하다. 이에 따라 디지털 분야의 행원들이 가져야 할 기본적인 직무수행능력을 평가하는 데에 그 의의를 둘 수 있다.

2. 일반 분야 출제 범위 및 내용

① 디지털 기초지식 분야 : 은행원으로서의 IT, 핀테크, AI, 빅데이터, 사물인터넷, 블록체인, 코딩, 데이터마이닝 등에 관련된 기초지식에 대한 이해

② 일반사회 분야 : 은행원으로서 필요한 기초적인 상식 및 시사 관련된 다양한 내용을 기반으로 출제

※ 일반분야 시험 준비전략

직업기초능력평가와는 다른 직무수행능력평가이기 때문에 입행하려는 분야에 대한 기초적인 지식과 용어들을 묻는 문제들이 주로 출제되었으며(2017년 기출 기준), 디지털 분야에 경우, 최근의 관련 분야에 대한 높은 관심과 이해도가 필요한 만큼 이러한 방향성을 기반으로 시험을 준비하는 것이 필요하다.

1. 디지털 분야에 대한 관련(IT, 핀테크, 블록체인, AI 등) 문제를 자주 접해라!

NCS 직무수행능력 문제 중 본 직무와 관계된 분야(디지털 파트)에 관련된 문제를 많이 접해보고 풀어보는 것이 중요한 전략이다. 이와 관련된 문항들은 앞서 나열한 분야에 관련된 기초적인 용어와 과정들을 물어보는 문제가 대부분이며, 이와 관련된 자격증(CISA, CASSP 등) 관련 자료와 관련 파트에 대한 기초적인 용어정리 등의 준비 자료를 참고하는 것도 좋은 방법 중 하나이다.

2. IBK 기업은행에서 필요로 하는 IT, 디지털 금융에 대한 기초적인 이해를 갖자!

IBK 기업은행을 비롯한 기존의 1금융권의 경우, 인터넷 전문은행과의 경쟁과 빠른 속도로 변화되고 있는 IT / 모바일 환경에 대해 선대응하기 위한 다양한 노력을 기울이고 있는 것에 주목하자. 특히 모바일 뱅킹을 통한 간편송금, 보이스피싱 방지, 모바일 뱅킹 전용 금융상품 등 IBK 기업은행에서 추진하고 있고 필요로 하고 있는 관련분야에 대한 기초적인 이해력을 높이는 것이 문제풀이에 도움이 될 것이다.

3. 최근의 다양한 시사 이슈 및 트렌드 등에 대한 이해를 기반으로 한 문제가 출제된다!

일반사회 분야의 문제는 앞서 언급한 대로 기초적인 상식 및 시사에 관련된 다양한 내용의 문제가 출제된다. 이에 대한 대비는 최근 우리 사회에서 일어나고 있는 정치, 경제, 사회분야의 다양한 이슈들에 대한 기초적인 이해 및 관심이 필요하며, 최근 각 분야에서 이슈화되고 있는 주제를 기반으로 한 기초 상식 용어, 기초 법령(헌법 및 법률상 기관, 제도 등)에 대한 용어 정리를 병행한다면 본 시험에 큰 도움이 될 수 있다.

디지털 분야 기출예상문제

01 4차 산업혁명의 핵심 기술인 블록체인에 대한 설명으로 옳지 않은 것은?

① 중앙 관리 시스템이 있어 거래 안정성이 확보된다.
② p2p 방식으로 거래되는 공공 거래 장부로 거래 내역을 블록이라고 한다.
③ 의료, 콘텐츠, 금융 분야 등 다양한 분야에서 활용이 가능하다.
④ 블록체인 기술을 활용하기 위해 필요한 대가가 가상화폐라고 할 수 있다.

02 영화, 음악 등 하나의 멀티미디어 콘텐츠를 여러 대의 기기에서 연속적으로 즐길 수 있는 기술 또는 서비스를 칭하는 것은?

① Blue Screen
② datagram
③ Smart TV
④ N-screen

03 다음 설명에 해당되는 것은?

> 인터넷에 연결된 모든 기기에서 생산되는 대량의 디지털 데이터로 문자, 사진, 동영상, 음성 등 다양한 유형으로 존재한다. 매일 전 세계 사용자를 통해 엄청난 양의 데이터가 생산되어 인터넷으로 유통되므로 사용자(소비자)의 이용 패턴과 성향/취향, 관심사 등을 파악할 수 있어 기업 입장에서 중요한 정보가 된다.

① FinTech
② AI
③ Big Data
④ IOT

04 AI(인공지능) 기술을 적용하기 가장 어려운 용어 및 상황은?

① 떼쓰는 아이 달래기
② 사람과 바둑대결
③ 수학적인 정리 증명
④ 의사의 진단을 돕기 위한 진단 시스템

05 **데이터 마이닝(data mining)에 대한 정의 및 설명으로 옳지 않은 것은?**

① 대량의 데이터에서 유용한 정보를 추출하는 것을 말한다.
② 통계적 기법, 수학적 기법과 인공지능을 활용한 패턴인식 기술 등을 이용한다.
③ 데이터 마이닝 → 데이터 선별과 변환 → 데이터 크리닝의 과정을 거친다.
④ 데이터 마이닝은 고객의 소비패턴이나 성향을 분석하여 상품을 추천하는 데 사용된다.

06 **FinTech에 대한 설명으로 옳지 않는 것은?**

① 기존에 비해 비용이 증가되고 서비스가 저하되는 단점이 있다.
② Financial과 Technique의 합성어로 모바일 결제, 송금, 개인자산관리, 크라우드 펀딩 등 금융서비스와 관련된 기술을 의미한다.
③ 금융창구에서 취급하던 업무를 ATM과 인터넷뱅킹, 모바일뱅킹 등 전자금융 서비스 채널이 대체한다.
④ 오프라인 지점 하나 없고 온라인으로만 대출 심사를 진행하는 On-Deck는 FinTech 사업의 예라고 할 수 있다.

07 **인터넷 환경에서 영상, 음성, 애니메이션 등을 실시간으로 재생하는 기술은?**

① 다운로딩
② 버퍼링
③ 멀티태스킹
④ 스트리밍

08 **인터넷 상의 서버를 통하여 IT 관련 서비스를 한 번에 사용할 수 있는 컴퓨터 환경은?**

① DNS
② CDMA
③ 클라우드 컴퓨팅
④ 와이브로

09 **컴퓨터 관련 용어에 대한 설명으로 옳은 것은?**

① 캐싱 : 명령어와 데이터를 캐시 기억 장치 또는 디스크캐시에 일시적으로 저장하는 것으로 중앙 처리 장치(CPU)가 주기억 장치 또는 디스크로부터 명령어와 데이터를 읽어오거나 기록하는 것보다 몇 배 빠른 속도로 단축시킴으로써 컴퓨터의 성능을 향상시킨다.
② 프로토콜 : 사용자에게 내용의 비순차적인 검색이 가능하도록 제공되는 텍스트로 문서 내에 있는 특정 단어가 다른 단어나 데이터베이스와 링크돼 있어 사용자가 관련 문서를 넘나들며 원하는 정보를 얻을 수 있도록 한다.
③ 하이퍼텍스트 : 통신회선을 이용하는 컴퓨터와 컴퓨터 또는 컴퓨터와 단말기계가 데이터를 주고받을 때의 상호약속이다.
④ TCP/IP : 인터넷상 주민등록번호를 대체하는 개인 식별 번호로 2005년 정보통신부가 개인의 주민등록번호 유출과 오남용 방지를 목적으로 마련한 사이버 신원 확인번호이다.

10 **스마트폰 신제품의 주기가 4~6개월에 불과하다는 것으로 제품의 사이클이 점점 빨라지는 현상을 나타내는 용어는?**

① 안드로이드 법칙
② 구글 법칙
③ 스마트 법칙
④ 애플 법칙

11 **'2.3GHz 휴대인터넷'으로 불리었으며, 무선 광대역 인터넷 서비스로 풀이되는 용어로 언제 어디서나 이동하면서 인터넷을 이용할 수 있는 서비스는?**

① WCDMA
② Wi-Fi
③ Wibro
④ WiMax

12 **다음 IP주소가 올바르지 않은 것은?**

① 192.245.0.253
② 192.245.0.251
③ 192.245.1.256
④ 192.245.1.254

13 다음 중 성격이 유사한 어플리케이션끼리 짝지어지지 않은 것은?

① Uber – 카카오택시 – T맵택시
② Google calender – Outlook – T cloud
③ 블루리본 – 카카오헤어 – 트립어드바이저
④ CamCard – 리멤버 – BIZ reader

14 아래 내용의 설명이 의미하는 것은?

가전제품, 전자기기뿐만 아니라 헬스케어, 원격검침, 스마트홈, 스마트카 등 다양한 분야에서 사물을 네트워크로 연결해 정보를 공유할 수 있다. 미국 벤처기업 코벤티스가 개발한 심장박동 모니터링 기계, 구글의 구글 글라스, 나이키의 퓨얼 밴드 등도 이 기술을 기반으로 만들어졌다. 특히 심장박동 모니터링 기계는 대표적인 예로, 부정맥을 앓고 있는 환자가 기계를 부착하고 작동시키면 심전도 검사 결과가 자동으로 기록돼 중앙관제센터로 보내진다. 중앙관제센터는 검사 결과를 전문가에게 전송해 임상보고서를 작성하고 이 보고서를 통해 환자가 적합한 의료진이 연결된다.

① 유비쿼터스(Ubiquitous)
② APR(Augmented reality)
③ 클라우드 컴퓨팅(Cloud computing)
④ IoT(Interner of things)

15 자신의 데이터베이스를 가지고 있지 않고 다른 검색엔진을 이용하여 정보를 찾는 검색엔진은?

① 주제별 검색엔진
② 하이브리드 검색엔진
③ 메타 검색엔진
④ 인덱스 검색엔진

16 컴퓨터의 바이러스 진단 및 방지를 위한 조치 중 옳지 않은 것은?

① USB 드라이브의 자동실행기능을 해제하였다.
② 웹브라우저를 최신버전으로 업데이트하였다.
③ 비밀번호를 웹사이트마다 다르게 하고, 복잡하게 설정하였다.
④ 여러 종류의 백신을 동시에 설치하여 검사하였다.

17 **다음 용어에 대한 설명이 올바르게 연결되어 있지 않은 것은?**

① QR코드 : QR은 Quick Recognition의 약자로서 바코드보다 훨씬 많은 양을 담을 수 있는 격자무늬의 2차원 코드
② 블루투스 : 휴대기기를 서로 연결해 정보를 교환하는 근거리 무선 통신 기술 표준
③ IoT : Interner of things의 약자로서 각종 사물에 센서와 통신기능을 내장하여 인터넷에 연결하는 기술
④ RFID : Radio Frequency Identification의 약자로서 IC칩과 무선을 통해서 다양한 개체의 정보를 관리할 수 있는 인식 기술

18 **아래에서 설명하는 데이터 모델에 해당하는 것은?**

최근 가장 안정적이며 효율적인 데이터베이스로 알려져 있으며, MS-Access 외 여러 개의 상용 DBMS의 기반이 되고 있다. 특히 각각의 개체를 테이블로 사용하고 개체들 간의 공통 속성을 이용해 서로 연결하는 독립된 형태의 데이터 모델이라 할 수 있다.

① 하나의 조직이 여러 구성원으로 이루어지는 형태의 계층형 데이터베이스
② 도로망이나 통신망 같은 네트워크형 데이터베이스
③ 데이터와 프로그램을 독립적인 객체의 형태로 구성한 객체 지향형 데이터베이스
④ 은행의 입출금처럼 데이터 양이 많지만 구조가 간단한 업무에 적합한 관계형 데이터베이스

19 **SD카드(Secure Digital Card)에 대한 설명으로 가장 적절하지 않은 것은?**

① 디지털기기의 저장공간이 부족할 때 메모리슬롯에 SD카드를 장착하면 저장공간을 확장할 수 있다.
② 마이크로SD카드를 SD카드 어댑터에 꽂으면 일반 SD카드를 쓰는 기기에 사용할 수 있다.
③ 스마트폰, MP3에 주로 사용되는 손톱만한 크기의 SD카드와 디지털카메라에 주로 쓰이는 크기가 더 큰 마이크로SD카드가 있다.
④ 마이크로SD카드와 SD카드에서 클래스는 속도를 의미하며 클래스 숫자가 커질수록 속도가 빨라진다.

20 서로 다른 기업 또는 조직 간에 표준화된 상거래 서식 또는 공공 서식을 서로 합의한 통신 표준에 따라 컴퓨터 간에 교환하는 전달방식을 의미하는 용어는?

① EDMS
② ECM
③ EDPS
④ EDI

21 다음 중 미국의 3대 방송사가 아닌 것은?

① ABC
② CNN
③ CBS
④ NBC

22 광고의 종류에 관한 설명이 잘못된 것은?

① 인포머셜 광고 : 상품의 정보를 상세하게 제공하는 것
② 레트로 광고 : 과거에 대한 향수를 느끼게 하는 회고 광고
③ PPL 광고 : 영화, 드라마 등에 특정 제품을 노출시키는 간접광고
④ 애드버토리얼 광고 : 언뜻 보아서는 무슨 내용인지 알 수 없는 광고

23 언론을 통해 뉴스가 전해지기 전에 뉴스 결정권자가 뉴스를 취사선택하는 것을 무엇이라고 하는가?

① 바이라인
② 발롱데세
③ 방송심의위원회
④ 게이트키핑

24 퍼블리시티권에 대한 설명이 바르지 않은 것은?

① 법률에 의해 생존 기간과 사후 30년 동안 보호받을 수 있다.
② 개인의 이름 · 얼굴 · 목소리 등을 상업적으로 이용할 수 있는 배타적인 권리다.
③ 재산권이라는 측면에서 저작권과 비슷하다.
④ 상표권이나 저작권처럼 상속도 가능하다.

25 **부자의 부의 독식을 부정적으로 보고 사회적 책임을 강조하는 용어로 월가 시위에서 1 대 99라는 슬로건이 등장하며 1%의 탐욕과 부의 집중을 공격하는 이 용어는 무엇인가?**

① 뉴비즘
② 노블레스 오블리주
③ 뉴리치현상
④ 리세스 오블리주

26 **대통령이 내란 · 외환의 죄 이외의 범죄에 대하여 임기기간 중 형사상 소추(訴追)를 받지 않는 권한은?**

① 사면특권
② 불소추특권
③ 군통수권
④ 임명특권

27 **다음은 무엇에 대한 설명인가?**

- 지방자치는 일정한 지역을 기초로 하여 국가로부터 어느 정도 독립된 지방공공단체가 설치되어(단체자치), 그 사무를 지역주민의 참가와 의사에 따라 처리하는(주민자치) 것을 말한다.
- 대통령제에서 대통령과 행정부는 의회에 대하여 책임을 지지 않으며, 의회의 정부불신임권과 정부의 국회해산권이 없다.

① 직접참여
② 권력분립
③ 대표의 원리
④ 국민주권

28 **다음 중 헌법재판소의 심판대상에 해당하지 <u>않는</u> 것은?**

① 법률이 헌법에 위반되는지의 여부
② 대통령에 대한 탄핵 여부
③ 대법원 판결이 헌법에 위반되는지의 여부
④ 검사가 내린 불기소처분

29 비정부조직(Non Governmental Organization)에 대한 설명으로 옳지 않은 것은?

① 유엔헌장에 따라 UN의 사업에 참가하는 단체이다.
② 자원단체는 물론 다국적 기업도 포함된다.
③ 국경을 초월한 시민활동단체로서 반핵 · 인권분야에서 활동하지만 군축분야는 활동영역에서 제외된다.
④ 평화 · 환경 분야에서 국가의 기능을 보완 또는 협력한다.

30 현대정치에서 압력집단의 수가 많아지고 그 기능이 강화되는 이유는?

① 개인과 집단의 이익이 다원화되고 있기 때문이다.
② 정부의 기능이 점차 축소되고 있기 때문이다.
③ 집권을 원하는 집단이 많아지고 있기 때문이다.
④ 정당 내부에 민주화가 발전하고 있기 때문이다.

IBK
Industrial Bank of Korea

기업은행 NCS 직업기초능력평가 직무수행능력평가

PART

3

NCS 직업기초능력평가

I
B
K

취업시험 합격의 신화 에듀크라운

Chapter 01 의사소통능력

1. 의사소통능력

(1) 정의

상대방과 의견을 교환할 때 전달하려는 다양한 의미를 정확하게 전달할 수 있는 능력을 의미한다. 또한 글로벌 시대에 필요한 외국어 문서의 이해 및 의사표현능력도 포함된다.

(2) 문서적인 측면에서의 의사소통

① 문서이해능력 : 업무에 관련된 문서를 통하여 구체적인 정보를 획득 · 수집하여 종합하는 능력

② 문서작성능력 : 상황과 목적에 부합한 문서를 시각적이고 효과적으로 작성할 수 있는 능력

(3) 언어적인 측면에서의 의사소통

모든 구성원들이 듣고 말하며 의사소통을 하는 시간이 매우 많다는 점에서 경청능력과 다양한 의사 표현력, 기초 외국어능력 등이 매우 중요하다.

(4) 바람직한 의사소통을 저해하는 원인

① '말하지 않아도 아는 문화'에 안주하는 모습

② '전달했는데', '아는 줄 알았는데'라고 착각하는 모습

③ '일방적으로 말하고 일방적으로 듣는' 무책임한 모습

2. 문서이해능력

(1) 정의

직업현장에서 자신의 업무와 관련된 인쇄물과 기호화된 정보 등 필요한 문서를 확인하여 읽고, 내용을 이해하여 요점을 파악하는 능력이다. 문서에서 주어진 문장과 정보 등을 이해하여 자신에게 필요한 행동을 추론할 수 있어야 하며 도표나 수, 기호를 이해하고 표현할 수 있는 능력을 포함한다.

(2) 직장에서 요구하는 문서이해능력

① 문서의 목적을 이해하는 능력

② 문서가 작성된 배경과 주제를 파악하는 능력

③ 문서에 쓰여진 정보를 밝혀내고, 문서가 제시하고 있는 현안 문제를 파악하는 능력

④ 문서를 통해 상대방의 욕구와 의도, 나에게 요구하는 행동을 분석하는 능력

⑤ 문서에서 이해한 목적 달성을 위해 취해야 할 행동을 결정하는 능력

⑥ 상대방의 의도를 도표나 그림으로 메모하여 요약·정리할 수 있는 능력

(3) 문서의 종류와 용도

① 공문서 : 행정기관에서 대내적 또는 대외적인 공무를 집행하고자 작성하는 공식 문서

② 기안서 : 회사의 업무에 관한 협조를 구하거나 의견을 전달할 때 작성하는 문서로 사내에서는 공문서라고도 불리는 문서

③ 기획서 : 적극적으로 아이디어를 내어 기획한 프로젝트를 문서 형태로 만들고, 그 내용을 상대에게 전달하여 시행하도록 설득하는 문서

④ 설명서 : 상품의 특성이나 작동 방법, 과정 등을 소비자에게 설명하는 문서

⑤ 보고서 : 특정 업무의 현황 및 진행 상황, 연구 과정, 검토 결과 등을 보고할 때 작성하는 문서

⑥ 비즈니스 레터(E-mail) : 사업 목적으로 고객 및 단체에 보내는 편지로, 비공식적인 문서이지만 제안서나 보고서 등 공식적인 문서를 전달할 때도 사용

⑦ 보도자료 : 정부기관, 기업, 각종 단체에서 언론을 상대로 자신들의 정보가 기사로 보도될 것을 요청하기 위해 보내는 자료

⑧ 자기소개서 : 개인의 성장과정 및 환경, 입사동기와 입사 후 포부 등을 기술하여 자신을 소개하는 문서

⑨ 비즈니스 메모 : 업무상 중요한 일이나 체크해야 할 사항을 메모 형식으로 작성하여 전달하는 문서

3. 문서작성능력

(1) 정의

문서작성능력이란 업무의 목적과 상황에 적합한 아이디어나 정보가 전달되도록 문서로 작성할 수 있는 능력을 의미한다. 직장인은 본인에게 주어진 업무에 관하여 필요한 문서가 무엇인지 이해하고 작

성하여야 소속된 조직의 요구에 효과적으로 부응할 수 있으므로, 상황과 목적에 맞는 문서작성능력을 키워야 한다.

(2) 문서작성의 구성요소

① 품위가 있고 짜임새 있는 글의 골격

② 객관적이고 논리적이며 체계적인 글의 내용

③ 이해하기 쉬운 글의 구조

④ 설득력 있고 명료한 문장

⑤ 세련되고 인상적이며 효과적인 글의 배치

(3) 문서 종류에 따른 작성법

① 공문서

- 누가, 언제, 어디서, 무엇을, 어떻게(왜)가 정확히 드러나도록 작성한다.
- 연도, 월, 일을 반드시 함께 기입하며, 날짜 다음에 괄호를 사용할 경우에는 마침표를 찍지 않는다.
- 한 장에 담는 것을 원칙으로 하며, 마지막에는 '끝'으로 마무리한다.
- 복잡한 내용은 항목별로 구분한다('— 다음 —' 또는 '— 아래 —').
- 대외문서, 장기간 보관되는 문서 등 문서의 성격에 따라 정확하게 기술한다.

② 기획서

- 상대가 채택할 수 있도록 설득력을 갖추어 어필해야 하므로, 상대가 요구하는 점을 파악해서 작성한다.
- 핵심을 정확히 기입하고 한눈에 파악되도록 체계적인 목차를 구성한다.
- 내용의 효과적인 전달을 위해 도표, 그래프 등으로 시각화한다.
- 제출 전 충분히 검토하며 인용 자료의 출처를 정확히 확인한다.

③ 설명서

- 명령문보다 평서문으로 작성하며, 정확한 내용전달을 위해 간결하게 작성한다.
- 상품과 제품에 대해 설명하는 성격에 맞추어 정확하게 기술한다.
- 전문용어는 소비자의 이해를 위해 가급적 사용을 삼가도록 한다.
- 도표를 이용해 복잡한 내용을 시각화하여 이해도를 높인다.
- 동일 문장의 반복을 피하여 다양한 표현을 쓰도록 한다.

④ 보고서

- 업무 진행과정에 대한 핵심내용을 구체적으로 제시하되, 내용의 중복을 피하여 간결하게 작성하도록 한다.
- 보고서는 개인의 능력을 평가하는 요인이므로 제출 전 반드시 최종 점검을 한다.
- 복잡한 내용은 도표나 그림을 활용하며, 참고자료는 정확히 제시한다.
- 내용에 대한 예상 질문을 사전에 추출하고, 그에 따른 답을 준비한다.

(4) 문서작성의 원칙

① 상대방이 이해하기 쉽게 쓴다.

② 문장을 짧고 간결하게 작성한다.

③ 간결체로 작성한다.

④ 긍정문으로 작성한다.

⑤ 문서의 주요한 내용을 먼저 쓴다.

⑥ 간단한 표제를 붙인다.

⑦ 한자의 사용을 되도록 자제한다.

4. 경청능력

(1) 정의

경청능력이란 다른 사람의 말을 주의 깊게 들으며 공감하는 능력을 말한다. 효과적인 의사소통을 위해서는 잘 경청하며 공감할 수 있는 능력을 갖추는 것이 중요하다.

(2) 경청하는 방법

① 혼자서 대화를 독점하지 않는다.

② 상대방의 말을 가로채지 않는다.

③ 이야기를 가로막지 않는다.

④ 의견이 다르더라도 일단 수용한다.

⑤ 말하는 순서를 지킨다.

⑥ 논쟁에서는 먼저 상대방의 주장을 들어준다.

⑦ 시선을 맞춘다(Eye-Contact).

⑧ 귀로만 듣지 말고 오감을 동원해 적극적으로 경청한다.

5. 의사표현능력

(1) 정의

의사표현능력이란 말하는 사람이 자신의 생각과 감정을 듣는 사람에게 음성언어나 신체언어로 표현하는 능력이다. 직장인들이 개인이나 조직과 관계를 유지하고 업무 성과를 높이는 데 필수적으로 요구되는 능력이다.

(2) 효과적인 의사표현의 방법

① 상대방의 잘못을 지적할 때는 상대방이 알 수 있도록 확실하게 지적한다.

② 상대방을 칭찬할 때는 본인이 중요하게 여기는 것을 칭찬한다.

③ 상대방에게 부탁해야 할 때는 먼저 상대방의 사정을 듣는다.

④ 상대방의 요구를 거절해야 할 때는 먼저 사과하고 이유를 설명한다.

⑤ 명령해야 할 때는 부드럽게 표현하는 것이 훨씬 효과적이다.

⑥ 설득해야 할 때는 먼저 양보해서 이익을 공유하겠다는 의지를 보여주어야 한다.

⑦ 충고해야 할 때는 예화를 들어 비유법으로 깨우쳐주는 것이 바람직하다.

⑧ 질책해야 할 때는 샌드위치 화법(칭찬의 말 + 질책의 말 + 격려의 말)을 사용한다.

6. 기초 외국어능력

(1) 정의

기초 외국어능력이란 한국어만이 아닌 다양한 언어로 의사소통을 하는 능력을 말한다. 기초 외국어능력은 외국인들과의 유창한 의사소통을 뜻하는 것이 아니라 업무에 필요한 문서이해나 문서작성, 의사표현, 경청 등 기초적인 의사소통을 외국어로서 가능하게 하는 능력을 말한다.

(2) 기초 외국어능력이 필요한 상황

① 외국인에게 전화응대 및 안내를 해야 하는 상황

② 새로 들어온 기계가 어떻게 작동되는지 매뉴얼을 봐야 하는 상황

③ 외국으로 보낼 서류를 작성하거나, 외국에서 온 서류를 이해하며 업무를 추진해야 하는 상황

(3) 기초 외국어능력 향상을 위한 공부법

① 외국어 공부를 왜 해야 하는지 그 목적부터 정확히 정한다.

② 매일 30분~1시간씩 눈과 손, 입을 움직이며 반복하여 공부한다.

③ 실수를 두려워하지 않고 기회가 있을 때마다 외국어로 말한다.

④ 외국어가 익숙해질 수 있도록 쉬운 외국어 잡지와 원서부터 읽는다.

⑤ 혼자 공부하기보다는 주변에 라이벌을 정하고 공부한다.

⑥ 업무와 관련된 외국어 주요 용어는 꼭 주변에 메모해둔다.

⑦ 출퇴근 시간에 짬짬이 어학 관련 방송 및 라디오를 듣는다.

※ 의사소통능력 핵심 정리

의사소통능력이란 업무를 수행하면서 글을 읽고 말을 듣는 행위를 통해 다른 사람이 뜻한 바를 파악하고, 본인이 뜻한 바를 다양한 글과 말을 통해 정확하게 전달하는 능력을 말한다.

하위능력	정의	세부요소
문서이해능력	다른 사람이 작성한 글을 읽고 그 내용을 이해하며 요점을 파악하는 능력	• 문서 정보 확인 및 획득 • 문서 정보 이해 및 수집 • 문서 정보 평가
문서작성능력	자기가 뜻한 바를 글로 나타내는 능력	• 작성 문서의 정보 확인 및 조직 • 목적과 상황에 맞는 문서 작성 • 작성한 문서 교정 및 평가
경청능력	다른 사람의 말을 듣고 그 내용을 이해하는 능력	• 음성 정보와 매체 정보 듣기 • 음성 정보와 매체 정보 내용 이해 • 음성 정보와 매체 정보에 대한 반응과 평가
의사표현능력	자기가 뜻한 바를 말로 나타내는 능력	• 목적과 상황에 맞는 정보 조직 • 목적과 상황에 맞게 전달 • 대화에 대한 피드백과 평가
기초 외국어능력	외국어로 의사소통할 수 있는 능력	• 외국어 듣기 • 일상생활에서 회화 활용

1. 어렵고 긴 지문 위주로 관련 문제를 자주 접해라!

NCS 직업기초능력평가의 의사소통능력에서 수험생들이 가장 어려움을 겪는 부분은 바로 독해이다. 긴 지문을 읽는 연습을 중점적으로 해서 핵심 내용을 빨리 간파할 수 있는 능력을 키워야 한다.

2. 직무와 관련된 문서와 업무보고서, 보도자료 등은 필히 확인하라!

은행 관련 실무에 주로 쓰이는 각종 문서(보고서, 기안서 등)들이 문제의 자료로 자주 활용된다. 각 문서의 구성과 특징을 미리 알고 있다면 어떠한 유형의 문제라도 수월하게 파악할 수 있을 것이다.

3. 업무를 담당하는 실무자의 관점에서 문제해결에 접근하라!

의사소통능력에서는 직장 동료와의 업무적인 대화, 다양한 고객과의 실무적인 대화 등 업무 중 벌어질 수 있는 다양한 상황이 주어진다. 따라서 주관적인 판단을 최대한 줄이고 업무 관련 실무자의 관점에서 문제를 이해하여야 한다.

STEP 01 의사소통능력영역 기출문제 유형분석

01 팀원 이○○는 모 화장품회사의 상품 기획팀 사원이다. 오늘은 거래처 직원과의 약속이 있었는데 예상보다 미팅이 지연되는 바람에 사무실에 조금 늦게 도착하고 말았다. 팀원 이○○는 김○○ 팀장에게 찾아가 늦은 상황을 설명하려고 한다. 다음의 대화에서 김○○ 팀장이 가져야 할 경청 방법으로 가장 적절한 것은? (IBK 기업은행 기출문항 변형)

> 팀원 이○○ : "팀장님, 외근 다녀왔습니다. 늦어서 죄송합니다. 미팅 업무가 지연되는 바람에 늦…."
> 팀장 김○○ : "왜 이렇게 늦은 거야? 오후 4시에 회의가 있으니까 오후 3시 30분까지는 들어오라고 했잖아, 지금이 몇 시야? 회의 다 끝나고 오면 어떡해?"
> 팀원 이○○ : "죄송합니다, 팀장님. 거래처 공장에서 일이 갑자기 생겨…."
> 팀장 김○○ : "알겠고, 30분 뒤에 외근 업무 내용 바로 보고해."

① 상대방에게 시선을 맞추며 이야기한다.
② 혼자 대화를 주도하지 않는다.
③ 상대방의 말을 가로막지 않는다.
④ 다리를 꼬고 앉거나 팔짱을 끼지 않는다.

해설 원활한 의사소통을 위해서 상대방의 말을 끝까지 경청하는 자세가 필요하다. 그러나 김○○ 팀장은 상대방의 말이 끝나기도 전에 말을 가로막으며 자신의 이야기만 하고 있다. 따라서 김○○ 팀장이 가져야 할 경청 방법은 상대방의 말을 가로막지 않는 것이다.

※ 경청하는 방법

1. 혼자서 대화를 독점하지 않는다.
2. 상대방의 말을 가로채지 않는다.
3. 이야기를 가로막지 않는다.
4. 의견이 다르더라도 일단 수용한다.
5. 말하는 순서를 지킨다.
6. 논쟁에서는 먼저 상대방의 주장을 들어준다.
7. 시선을 맞춘다(Eye-Contact).
8. 귀로만 듣지 말고 오감을 동원해 적극적으로 경청한다.

정답 ③ 상대방의 말을 가로막지 않는다.

02 이○○ 사원은 김○○ 대리로부터 아래 글을 완성하라는 지시를 받았다. 빈칸에 들어갈 내용을 순서대로 묶은 것은?

(IBK 기업은행 기출 문항 변형)

> 콜레스테롤은 동맥경화의 원인이 되는 LDL(저밀도 지질 단백질) 콜레스테롤과 동맥경화를 예방하는 HDL(고밀도 지질 단백질) 콜레스테롤로 구분된다. HDL 콜레스테롤은 LDL 콜레스테롤을 간(肝)으로 재빨리 운반한 뒤 분해시켜 혈액 내에 LDL 콜레스테롤이 필요 이상으로 떠돌지 않게 한다. 한마디로 HDL 콜레스테롤은 '혈관 청소부'인 셈이다. HDL 콜레스테롤은 혈액 내에 40mg/dL 이상 돼야 혈관 건강에 이롭다. (　　) 그렇다면 생활 속에서 HDL 콜레스테롤을 높이는 방법은 무엇일까? 매주 150분 이상 운동하면 HDL 콜레스테롤 수치를 조금 올릴 수 있다. 유산소운동과 근력운동을 함께하는 것이 좋다. 운동, 식이요법 등을 통한 적정 체중관리도 중요하다. (　　) 비만과 과체중은 HDL 콜레스테롤 생성을 억제하는 혈액 내 중성지방 수치를 높이기 때문이다.
>
> 식품으로는 견과류, 식물성기름, 등 푸른 생선, 오렌지주스 등이 HDL 콜레스테롤 수치를 높이는 데 유익하다. 견과류인 아몬드에는 혈관 건강에 이로운 불포화지방이 들어 있어 매일 한 줌씩 꾸준히 먹으면 HDL 콜레스테롤 수치가 올라가고 LDL 콜레스테롤 수치가 떨어진다. 참기름은 심장에서 유해산소 축적을 억제해 HDL 콜레스테롤 수치를 올려준다. 올리브유는 웰빙식으로 통하는 지중해식 식사의 핵심 식재료이다. (　　)

> (가) 지중해 연안 사람들의 심장병 발생률이 다른 서구인에 비해 낮다는 것이 올리브유가 혈중 콜레스테롤에 이로운 영향을 미친다는 간접증거이다.
> (나) HDL 콜레스테롤이 1mg/dL 감소할 때마다 협심증 같은 심장질환 발병 위험이 2% 올라간다고 알려져 있다.
> (다) 체중이 과하지 않도록 관리하면 HDL 콜레스테롤 수치를 높게 유지할 수 있다.

① (가), (나), (다)　　② (가), (다), (나)　　③ (나), (가), (다)　　④ (나), (다), (가)

해설 첫 번째 괄호의 경우, 앞 문장을 통해 HDL이 어떻게 이로운지가 괄호에 들어갈 내용임을 알 수 있다. 두 번째 괄호의 경우, 앞 문장에서 체중관리와 관련된 내용이 나왔으므로 체중, HDL 콜레스테롤 수치와 관련된 문장이 나와야 한다. 마지막으로 세 번째 괄호의 경우, 앞 문장에서 지중해의 예제가 들어가게 됨을 유추할 수 있다.

정답 ④ (나), (다), (가)

STEP 02 의사소통능력영역 출제예상문제

01. **이○○ 사원은 인사팀 워크숍 진행을 담당하게 되었고, 그에 따른 기안문을 과장에게 보고할 예정이다. B 대리가 [공문서 작성 및 처리 지침계]와 함께 기안문을 보고, 이○○ 사원에게 조언해줄 수 있는 말이 아닌 것은?**

<table>
<tr><td colspan="7">기 안 문</td></tr>
<tr><td>기안일자</td><td></td><td rowspan="3">결 재</td><td>담당</td><td>과장</td><td>부장</td><td>사장</td></tr>
<tr><td>시행일자</td><td></td><td rowspan="2"></td><td rowspan="2"></td><td rowspan="2"></td><td rowspan="2"></td></tr>
<tr><td>보존기한</td><td></td></tr>
<tr><td>수신</td><td></td><td colspan="2">경유</td><td colspan="3"></td></tr>
<tr><td>기안부서</td><td></td><td colspan="2">처리기간</td><td colspan="3"></td></tr>
<tr><td>제목</td><td colspan="6">이천십칠년 인사팀 워크숍 행사 진행의 건 시행(안)</td></tr>
<tr><td colspan="7">아래와 같이 이천십칠년 상반기 워크숍 행사 진행 및 일정을 품의하오니
검토 후 결재하여 주시기 바랍니다.

- 아 래 -

1. 일시 : 2017년 5월 22일 ~ 2017년 5월 25일
2. 장소 : 강원도 태백시
3. 대상 : 인사팀 전체(20명)
4. 예산 : 별도 첨부
5. 일정 : 별도 첨부

첨부 : 예산 및 일정 각 1부</td></tr>
</table>

[공문서 작성 및 처리 지침계]

- 숫자는 아라비아 숫자로 쓴다.
- 날짜는 숫자로 표기하되 연 · 월 · 일의 글자는 생략하고, 그 자리에 온점을 찍어 표시한다.
- 본문이 끝나면 1자(2타)를 띄우고 '끝' 표시를 한다. 단, 첨부물이 있는 경우에 첨부 표시문 끝에 1자(2타)를 띄우고 '끝' 표시를 한다.
- 기안문 및 시행문에는 행정기관의 로고 · 상징 · 마크 또는 홍보문구 등을 표시하여 행정기관의 이미지를 높일 수 있도록 하여야 한다.
- 행정기관의 장은 문서의 기안 · 검토 · 협조 · 결재 · 등록 · 시행 · 분류 · 편철 · 보관 · 이관 · 접수 · 배부 · 공람 · 검색 · 활용 등 문서의 모든 처리절차가 전자문서 시스템 또는 업무관리 시스템상에서 전자적으로 처리되도록 하여야 한다.

※ 온점 : 가로쓰기에 쓰는 마침표

① 날짜 표기가 잘못되었네요. '2017년 5월 22일 ~ 2017년 5월 25일'을 '2017. 5. 22. ~ 2017. 5. 25.'로 고치세요.
② 문서의 '끝' 표시를 하는 게 중요합니다. 문서가 끝났을 때는 첨부 표시문 뒤에 '끝'을 붙이세요.
③ 숫자는 아라비아 숫자를 쓰는 게 지침입니다. 제목 부분의 한글 숫자 표기를 아라비아 숫자로 고치세요.
④ 다 고치셨으면 과장님께 한 부씩 인쇄해서 보여드리세요.

02 **홍보팀의 김○○ 과장은 본사 홍보 블로그에 글을 작성하고 관리하는 업무를 한다. 김○○ 과장은 AIIB(아시아 인프라 투자은행)에 대한 주제로 글을 작성하려고 한다, 다음의 지문을 보고 옳지 않은 부분을 고르시오.**

> 안녕하세요, 기업은행 김○○ 과장입니다.
>
> 여러분, AIIB(아시아 인프라 투자은행)에 대해 아시나요?
>
> AIIB는 Asian Infrastructure Investment Bank의 약자로 ① 중국의 주도하에 아시아 저개발 국가들의 인프라를 조성하기 위한 자금을 모으는 투자은행입니다.
>
> ② 지분율을 보면 중국(30.34%), 인도(8.52%), 일본(6.66%), 러시아(4.57%), 한국(3.81%) 순입니다.
>
> AIIB의 설립배경은 크게 중국의 '일대일로(一帶一路)' 정책, 미국과의 경제적 패권 다툼, 그리고 TPP에 대한 견제로 볼 수 있습니다.
>
> 우리나라가 AIIB에 가입하면 어떤 영향을 받게 될까요?
>
> 첫 번째, ③ 중국과의 경제협력관계를 강화할 수 있습니다. AIIB에 참여하면 한국과 중국의 관계는 지금보다 돈독해질 것이라고 전망하고 있습니다. 우리나라는 이미 중국과 FTA도 체결하였고, 중국은 우리나라 수출상대국 중에 가장 큰 비중을 차지하며 한국경제에 큰 영향력을 끼치고 있습니다. 또한 중국은 성장 가능성이 높은 세계 제2의 경제대국으로서, 우호적인 관계를 유지하면 앞으로 한국의 경제성장에도 큰 도움이 될 것입니다.
>
> 두 번째, ④ 아시아 개발도상국의 인프라 건설에 참여할 수 있습니다. 즉, 우리나라 많은 기업들에게 해외 건설의 기회가 더 확대되는 것입니다. 특히 우리나라는 건설, 통신 등 인프라 구축의 기술과 경험이 풍부하기에 투자에 있어 유리한 위치를 차지할 수 있습니다.
>
> 하지만 AIIB에 가입하는 것만으로 이러한 기회를 무조건 얻을 수 있는 것은 아닙니다. 가입 후에도 지속적으로 우리나라의 지분율을 높여 의사결정과정에서 우위를 차지하고, 중국의 독단적인 태도를 방지해야 합니다. 또한 미국과의 관계에 악영향을 주지 않도록 실리를 따지며 중립적이고 자주적인 외교노선을 취할 수 있도록 노력해야 합니다.

03 **다음 대화에서 A의 태도로 가장 적절한 사자성어는?**

> A : "왜 그래? 무슨 걱정 있니?"
> B : "그게 말이야. 이번에 하려는 계약이 잘 되지 않았어."
> A : "왜? 거의 성사되지 않았어?"
> B : "응. 근데 마지막에 일이 틀어져 버렸어. 다른 회사들이 작정하고 방해하더라고. 다음 번에는 더 완벽하게 준비해서 같은 실수를 하지 않도록 고쳐나가야지. 두고 보라지."
> A : "너 아주 마음을 단단히 먹었구나."

① 와신상담 ② 거거고산 ③ 각주구검 ④ 언감생심

[04~05] **다음은 ○○ 은행에서 판매하고 있는 '흔들어 적금' 관련 내용이다. 아래 물음에 답하시오.**

'○○ 은행 흔들어 적금'
모아서 흔들면 금리가 쑥쑥! 재미있게 적금을 납입하여 금융 목표를 달성하게 해주는 ○○ 은행 대표 스마트폰 상품

1. 가입대상 : 실명의 개인(개인사업자 제외), 1인 최대 12계좌까지 가입 가능
2. 가입기간 : 6개월 이상 2년 이하
3. 예금종류 : 자유적립식
4. 금리안내 : 최고 2.3%(세전, 연 %, 모든 금리우대 조건 충족 및 최고계약 고시금리 반영 시)
5. 가입방법 : 영업점, 인터넷 가입, 스마트폰 앱 가입 가능
6. 상품안내
   1) 상품 특징
      - 흔들어서 재미있게 저축하는 스마트폰 적금 앱 상품
      - 스마트폰, 인터넷, 영업점 어디서든 가입 가능(단, 우대금리 조건을 충족하려면 적금 앱 설치 필수)
      - 거래 심화에 따라 최고 연 0.8%p의 우대금리 제공
   2) 상품 상세 정보
      - 상품종류 : 자유적립식
      - 가입대상 : 실명의 개인(개인사업자 제외), 1인 최대 12계좌까지 가입 가능
      - 계약기간 : 6개월 이상 2년 이하
      - 가입금액 : 1천 원 이상 월 3백만 원 이하로 동일인당 한도 5천만 원까지 적립 가능
      - 금리안내

구분	기간 및 금액	금리(연)	연 수익률
약정이율	6개월 이상	1.15	-
	12개월 이상	1.40	1.40
	24개월	1.50	1.47

      - 이자 지급방법 및 지급주기 : 만기일시 지급식
      - 상품내용
        ① '모이고, 만나서, 흔드는' 재미있는 적금
        ② 모이면 모일수록 우대금리 : 모인 인원 수에 따라 금리 우대 제공
          → 10명~19명이 모이면 연 0.1%p 우대
          → 20명~29명이 모이면 연 0.3%p 우대
          → 30명이 모이면 연 0.6%p 우대
        ③ 나만의 온라인 전담 직원 : 실제 영업점 직원들이 앱에 등장해 건강한 금융생활을 도움
        ④ 흔드는 저축게임 : 흔들어서 점수를 내는 게임으로 친구에게 도전하고, 추가납입도 가능
          (추가납입 3회 이상이면 연 0.2%p 추가금리 제공)

04 ○○ 은행에 근무하고 있는 윤○○ 대리는 위의 상품을 신입 행원들에게 교육하게 되었다. 교육 내용으로 적절하지 않은 것은?

① 가입대상은 개인이나 개인사업자로 1인 최대 12계좌까지 가입이 가능합니다.
② 가입기간은 최소 6개월부터 최대 2년 이하입니다.
③ 예금은 가입 후 자유롭게 적립 가능한 자유적립식 적금입니다.
④ 금리는 최고 2.3%로 금리우대 조건이 충족되거나 최고 계약 고시금리 반영 시 해당됩니다.

05 위 상품에 가입한 아래 4명 중에서 금리가 잘못된 것은?

① 가입기간이 6개월이고 15명으로 모은 A – 1.25%p
② 가입기간이 24개월이고 30명으로 모은 C – 2.10%p
③ 가입기간이 18개월이고 20명으로 모았으며, 추가 납입을 2회 한 B – 1.90%p
④ 가입기간이 24개월이고 19명으로 모았으며, 추가 납입을 7회 한 E – 1.80%p

06 당신은 ○○ 은행의 예금 담당 직원이다. 어떤 고객으로부터 주택 임대 문제로 내일까지 대출이 가능한지 문의를 받아, 지방출장으로 자리를 비운 담당자에게 이메일을 보내려고 한다. 이메일 내용 중 바르게 수정하지 않은 것은?

받는 사람 : 123@bank.net
보내는 사람 : me@bank.net
날짜 : 2016년 1월 28일(목)

(가) 제목 : 안녕하세요. 예금 담당 직원 ○○○입니다.
내용 : 안녕하세요. 대출 담당자 *** 님, 저는 예금 담당 직원 ○○○입니다.
(나) *** 님께 대출 상담을 희망하는 사정이 급한 고객이 있어 연락드렸습니다.
(다) 출장 중이라 바쁘시겠지만, 내일까지 고객과 상담을 할 수 있도록 처리 부탁드리겠습니다.
고객의 성명, 전화번호, 계좌 상황, 현재 대출 금액에 대한 자료를 첨부파일로 보냅니다.
(라) ○○ 은행 예금 담당 ○○○ 드림, 연락처 : 010 – ××× – ××××

① (가)에서 연락을 취하는 업무가 무엇인지 바로 파악할 수 있도록 제목을 수정하는 것이 좋다.
② (나)에서 고객의 사정이 무엇인지 알 수 있도록 간략하게 설명하는 것이 좋다.
③ (다)에서 '내일' 대신에 실제 날짜를 적는 것이 좋다.
④ (라)에서 본인의 연락처보다 급한 고객의 연락처를 이메일로 써준다.

07 **다음 표는 높임법의 분류이다. 높임법에 대한 설명으로 옳지 않은 것은?**

> • 상대높임법 : 듣는 상대가 높임법의 대상이 됨
> • 주체높임법 : 서술의 주체가 높임법의 대상이 됨
> • 객체높임법 : 서술의 객체가 높임법의 대상이 됨
> • 압존법 : 문장의 주체와 듣는 상대와의 상하관계를 비교하여 낮을 시 주체를 높이지 않는 어법

① 할아버지께서 진지를 잡수신다. – 주체높임법을 사용하고 있다.
② 정 대리님, 계약 문제로 연락드렸습니다. – 상대높임법을 사용하고 있다.
③ 동생이 돌아가신 외할머니를 생각하며 눈물을 흘렸다. – 객체높임법을 사용하고 있다.
④ 할아버지, 어머님께서는 아직 집에 안 들어오셨어요. – 압존법을 사용하고 있다.

[08~10] 다음 글을 읽고 물음에 답하시오.

제2차 세계대전 종결 후, 미국을 중심으로 한 서방 진영과 소비에트 연방(소련)을 위시한 공산주의 국가들 간의 갈등과 대립을 '냉전'이라고 한다. 냉전의 어원은 미국 대통령의 보좌관이었던 버나드 바루크의 발언으로부터 유래하였다.

냉전의 기원에 대해서 최근까지 활발한 연구가 진행되었고, 냉전의 책임 소재와 관련하여 3가지 이론이 있다.

가장 먼저 등장한 전통주의는 냉전의 원인을 소련에서 찾는다. 소련은 세계를 공산화하기 위해 동유럽 국가들을 중심으로 공격적이고 팽창주의적인 정책을 폈다. (가) 도덕적 책임감을 느낀 미국이 자유시장경제 체제를 수호하기 위해 소련과 공산주의를 봉쇄하는 과정에서 냉전이 시작되었다고 주장한다. 이 봉쇄는 도덕적이고 현실적이었으며, 봉쇄정책이 성공하여 결국 냉전이 종식되었다는 이론이다.

이러한 전통주의의 시각에 대한 저항으로 등장한 이론이 수정주의이다. 미국은 과거 제1차 세계대전이 종결한 후 생산품이 남아돌게 되자 심각한 디플레이션이 발생하였고, 이로 인해 '대공황'이라는 심각한 경제 상황에 직면한 경험이 있다. 과거의 경험을 거울삼아 미국은 세계를 개방경제 체계로 개편하여 안정적인 시장을 확보하려 했고, 이 과정에서 미국의 소련 봉쇄정책으로 인하여 냉전이 발생했다고 주장한다. 즉, 이념에 대한 수호가 아닌 경제적 동기에서 냉전의 원인을 찾고 있다. 또한, 수정주의자들은 전쟁 중 가장 많은 인적 · 물적 피해를 받은 소련이 미국보다 국력이 약했기 때문에 적극적인 팽창정책을 펼칠 수 없었고, 오히려 미국에서 공격적인 팽창정책을 펼치면서 갈등이 발생했다고 주장한다.

냉전의 기원에 관한 세 번째 이론인 후기 수정주의는 전통주의와 수정주의를 절충한 이론으로서, 냉전은 한 진영의 주된 책임이 아니라 미국과 소련 양쪽의 책임임을 강조한다. 냉전의 원인은 경제적, 군사적, 이념적 요인을 모두 고려해야 하고, 서로의 행동을 위협적으로 받아들인 미국과 소련의 안보 딜레마가 냉전을 촉발했다고 주장한다. 언뜻 보기에 양측의 의견을 모두 수렴한 후기 수정주의의 이론은 합리적으로 보인다. (나) 후기 수정주의의 절충적 시도는 항상 모든 정치적인 사건에는 중심적 경향성이 있다는 원칙에 충실하지 못하다는 비판을 받는다.

08 윗글을 읽고 이해한 내용으로 적절하지 않은 것은?

① 전통주의 이론에 따르면 힘을 증식하려는 소련의 정책이 냉전의 원인이다.
② 수정주의자들은 냉전의 원인이 미국의 소련 봉쇄정책 때문이라고 주장한다.
③ 수정주의 이론에 따르면 냉전의 원인은 이념적 동기보다 경제적 동기가 작용하고 있다.
④ 후기 수정주의 이론은 냉전의 원인에 대하여 중심적 경향성에 따라 설명하고 있다.

09 **(가)와 (나)에 들어갈 접속어로 올바른 것은?**

① 그럼에도 불구하고, 따라서
② 그래서, 그러나
③ 한편, 그리고
④ 그런데, 오히려

10 **윗글의 고전주의, 수정주의, 후기 수정주의에 추가할 수 있는 내용을 a~c 중 알맞게 고른 것은?**

> a. 소련이 공산주의 국가인 동독의 한복판에 있는 서베를린의 육로를 봉쇄한 것이 냉전의 시작이었다.
> b. 냉전은 미국과 소련이 서로를 견제하기 위하여 생겨났고, 이 과정에서 상대 국가의 조치를 위협적인 행동으로 받아들여 과민한 반응을 보였다.
> c. 냉전이 시작된 2차 대전 직후에는 미국만 핵무기를 보유했고, 경제적 차원에서도 미국이 소련을 압도하고 있었다.

① a : 후기 수정주의 b : 고전주의 c : 수정주의
② a : 고전주의 b : 후기 수정주의 c : 수정주의
③ a : 고전주의 b : 수정주의 c : 후기 수정주의
④ a : 수정주의 b : 고전주의 c : 후기 수정주의

11 다음 글을 읽고 ⓐ와 ⓑ에 들어갈 내용으로 가장 알맞은 것은?

> 우리나라는 방송국과 광고주에 따라 2010년부터 간접광고제도를 실시하고 있다. 간접광고란 좁은 의미에서는 주로 방송 프로그램 속의 소품으로 등장하는 상품을 말한다. 하지만 넓은 의미에서는 협찬을 제외한 대부분의 간접광고를 포괄하는 개념이다.
>
> 프로그램 시작 전과 끝난 후에 주어지는 15초 간의 직접광고와는 달리, 간접광고는 시청자가 채널을 돌려 광고를 회피하기가 어려우므로 시청자에게 노출될 확률이 더 (ⓐ)고 알려졌다.
>
> 간접광고의 유형은 온셋 배치(On-Set placement)와 크리에이티브 배치(Creative Placement)로 구분할 수 있다.
>
> 온셋 배치는 프로그램 출연자가 제품을 사용하거나 대사를 통해 언급함으로써 제품을 광고하고, 크리에이티브 배치는 의도적으로 제품이나 브랜드를 노출하지 않고 화면 속의 배경을 통해 자연스럽게 제품을 홍보한다. 따라서 시청자는 두 배치 유형 중 (ⓑ)에 더욱 주목하게 된다.

	ⓐ	ⓑ
①	높다	크리에이티브 배치
②	높다	온셋 배치
③	낮다	크리에이티브 배치
④	낮다	온셋 배치

12 기획부 사원인 강○○는 새로운 사업에 관한 재정적 지원을 설득하고 있다. 강○○의 대화에서 나타나는 설득전략으로 옳지 않은 것은?

> 기획부서에서 사전에 새로운 사업에 대한 위험성을 평가하였는데, 위험성이 높지 않다고 나왔습니다. 물론 위험성이 전혀 없다고는 말씀드릴 수가 없습니다. 그 일말의 위험성에 대해 걱정하시는 마음도 이해합니다. 하지만 프랭클린 커비 사의 회장인 스티븐 커비는 이렇게 말했지요. "가장 큰 위험은 도전하지 않는 것이다."

① 예상된 반론에 대해 인정하고 있다.
② 권위 있는 사람의 말을 이용하고 있다.
③ 상대방의 의견에 공감한다는 의사를 표시하며 설득하고 있다.
④ 상대방을 칭찬한 후, 새로운 요구를 하고 있다.

13 ○○ 은행 △△ 지역 A 지점 이○○ 사원이 해당 △△ 지역에서 실시한 문제해결방안 공모전에서 최우수상을 받았다. 그 이유에 대한 설명으로 적절하지 않은 것은?

> △△ 지역 A 지점 사보에서는 최근 '△△ 지역 문제해결방안 공모전'을 진행하였고, 그 결과 A 지점 이○○ 사원이 최우수상에 선정됐다고 1일 밝혔다.
>
> △△ 지역 문제해결방안 공모전은 △△ 지역 내 전 지점에서 해당 직원들을 대상으로 참신한 아이디어 발굴과 역량 발휘를 도모하기 위해 개최되었다.
>
> 대회는 ○○ 은행의 현안 사안인 저금리 대출 해결방안, 개인정보 유출 관련 보안대책을 주제로 진행되었다. 본 대회에 참가한 34명을 대상으로 1 · 2차로 심사하여 이○○ 사원(A 지점)이 최우수상에, 김○○ 사원(B 지점), 박○○ 과장(△△지역 본점) 등이 우수상에 선정됐다.
>
> 이○○ 사원은 "처음에는 막연했는데, 일단 문서를 작성하기 시작하니 하나의 계획서가 완성됐다"며 "문서 작성에 자신감을 얻었고 시 현안문제에 대해 고민해 볼 수 있는 좋은 계기가 됐다"고 밝혔다.

① "○○ 은행이 직면하고 있는 문제를 해결할 수 있는 핵심 메시지가 정확히 도출되었을 거야."
② "○○ 은행의 여건을 고려한 뒤 가장 합리적인 방안을 선택해 작성하였을 거야."
③ "명령문보다는 평서문으로, 동일한 문장보다는 다양하게 표현된 문장을 사용해야 글을 읽는 사람들이 지루하지 않아 이해력이 높아지겠지."
④ "현재 ○○ 은행의 문제에 대해 설득력을 갖춘 문서를 작성해야 하니까, 해결방안과 그에 따른 뒷받침 문장이 논리적으로 이어졌을 거야."

[14~15] 다음 지문을 읽고 물음에 답하시오.

“그때 젊고 대담한 무리의 우두머리가 다른 사람들이 전혀 이해할 수 없는 행동을 했다. 고기 한 점을 뜯어내어 땅바닥에 던진 것이다…그는 마음이 가는 대로 행동했으며 은연중에 늑대를 가까이 두고 싶었던 게 분명했다. 그는 종종 (사냥한) 멧돼지 고기 몇 점을 뜯어 늑대의 흔적이 있는 곳이 놓아두었다.”

– 콘라드 로렌츠, 「인간, 개를 만나다」 중

동물행동학의 창시자라고 불리는 콘라드 로렌츠가 그의 책 「인간, 개를 만나다」에서 상상해 본 ‘늑대가 인간에게 길들여지는 순간’이다. 개는 원시 인류가 살던 약 1만 2천년 이전에 늑대가 길들여져 진화한 것으로 추정되고 있다.

현대의 늑대도 개가 될 수 있을까? 호주 멜버른 디킨대학교의 토머스 뉴섬 교수와 동료들은 학술지 「바이오사이언스」 최근호에 흥미로운 결과를 내놓았다. 현대의 야생 늑대도 개가 되어가고 있다는 주장이다.

뉴섬 교수는 늑대의 ‘식단’에 주목했다. 아직 많은 늑대가 유럽과 아시아, 북아메리카의 외진 야생 공간에 살지만, 점점 더 인구밀집지역으로 서식지를 옮겨오고 있다. 이미 늑대가 먹는 먹이 중 32%가 인간과 관련한 것들이다. 그리스에 사는 늑대는 돼지, 염소, 양을 먹는다. 스페인 늑대의 먹이도 조랑말 등의 가축이다. 이란의 늑대도 닭과 염소, 음식물쓰레기 이외의 것은 잘 먹지 않는다. 늑대가 사냥 본능을 버리고 인간 주변으로 와 안주하고 있다는 것이다.

14 윗글을 잘못 이해한 사람은?

① 민경 : 개와 늑대가 같은 진화를 겪을 수도 있다는 것이군.
② 민상 : 인간이 개를 길들였듯이 늑대도 길들여야 한다는 것이군.
③ 준현 : 식단에 따라서 늑대들의 습성이 변화하고 있다고 생각하는군.
④ 호동 : 늑대가 점점 야생보다는 인가에서 먹이를 찾아가는군.

15 아래 보기 중 뉴섬 교수의 주장을 약화시키는 것을 모두 고른 것은?

ㄱ. 도시의 길고양이도 비둘기나 쥐 등을 잡아먹는다.
ㄴ. 밀렵꾼들한테 다친 곰을 치료하고 자연으로 방생시켜도 무리 없이 잘 지낸다.
ㄷ. 야생의 개를 사료를 먹여서 키우면 날 음식을 먹지 않는다.

① ㄱ ② ㄴ ③ ㄷ ④ ㄱ, ㄴ ⑤ ㄴ, ㄷ

Chapter 02 수리능력

1. 수리능력

(1) 정의

직장에서 업무를 수행하면서 다양한 자료를 이용할 경우, 사칙연산 및 도표 등을 요약하여 주요 정보를 파악하거나 합리적인 의사결정을 위한 객관적인 근거를 제시하는 능력을 말한다.

2. 기초연산능력

(1) 정의

기초연산능력이란 업무를 수행함에 있어 기초적인 사칙연산과 계산을 할 수 있는 능력을 말한다. 연산결과의 오류를 판단하고 수정하는 데 필수적으로 요구되는 능력 또한 포함된다. 업무 비용 측정, 고객 · 소비자의 정보 조사, 조직 예산 작성 등에 활용된다.

(2) 사칙연산과 검산

① 사칙연산 : 덧셈, 뺄셈, 곱셈, 나눗셈 네 종류의 계산법으로 사칙계산이라고도 한다. 업무를 원활하게 수행하기 위해서는 기본적인 사칙연산뿐 아니라 여러 단계의 복잡한 사칙연산도 수행할 수 있어야 한다.

② 검산 : 연산의 결과를 확인하는 것으로 업무 수행에서 필수적인 과정이다.

3. 기초통계능력

(1) 정의

기초통계능력이란 직장생활에서 평균, 합계, 빈도와 같은 기초적인 통계기법을 활용하여 자료를 정리하고 요약하는 능력을 의미한다. 특히 직장생활에서는 여러 단계의 복잡한 통계기법을 활용하여 결과의 오류를 수정할 수 있어야 하기 때문에 필수적인 능력이라 할 수 있다. 또한 자료특성의 계산방식과 관련이 있으므로 연산능력과도 깊은 관계가 있다.

(2) 통계의 기능

① 많은 수량적 자료를 처리 가능하고 쉽게 이해할 수 있는 형태로 축소한다.

② 표본을 통해 연구대상 집단의 특성을 유추한다.

③ 의사결정의 보조수단이 된다.

④ 관찰 가능한 자료를 논리적으로 정리하여 결론을 추출 · 검증한다.

4. 도표분석능력

(1) 정의

도표분석능력이란 도표 · 그래프 등 자료의 의미를 파악하고 정보를 해석하여 특징을 파악하는 능력을 말한다. 업무 수행 과정에서 조직의 생산가동율 변화표를 분석하는 경우, 경쟁업체와의 시장점유율이 그림으로 제시된 경우, 고객과 소비자의 정보를 조사하여 자료의 경향을 파악하는 경우 등에 중요하게 활용된다.

(2) 평균과 백분율

① 평균 : 제시된 자료의 집합을 자료의 개수로 나눈 값이다.

② 백분율(%) : 전체 총량을 100으로 보았을 때 나타나는 비율로 %로 표기한다.

5. 도표작성능력

(1) 정의

도표작성능력이란 자료를 이용하여 도표를 효과적으로 제시하는 능력이다. 업무의 목적에 맞게 계산결과를 묘사하는 경우, 업무에 소요되는 비용을 시각화하는 경우 등에 주로 활용된다.

(2) 도표의 작성 절차

① 어떠한 도표로 작성할 것인지 결정한다.

② 가로축과 세로축에 나타낼 것을 결정한다.

③ 가로축과 세로축 눈금의 크기를 결정한다.

④ 자료를 가로축과 세로축이 만나는 곳에 표시한다.

⑤ 도표의 제목 및 단위를 표시한다.

6. 도표의 종류별 활용

(1) **선 그래프** : 가장 기본적인 그래프로 시간의 추이(시계열 변화)를 표시하는 데 적합하다.

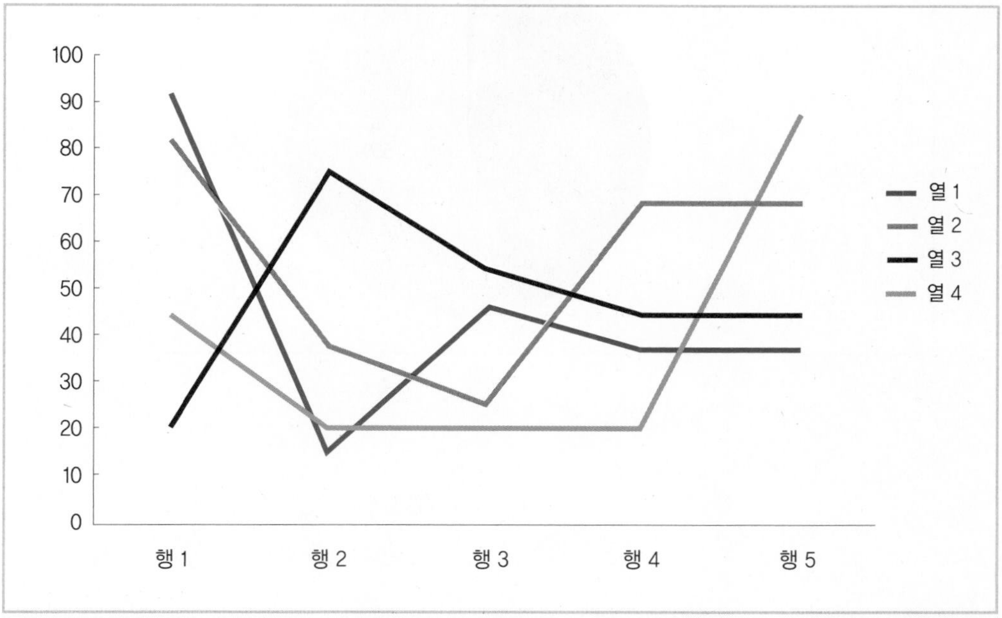

(2) **막대 그래프** : 비교하고자 하는 수량을 막대로 표시하고, 그 길이를 비교하여 각 수량 간의 대소 관계를 나타내고자 할 때 가장 기본적으로 활용하는 그래프이다.

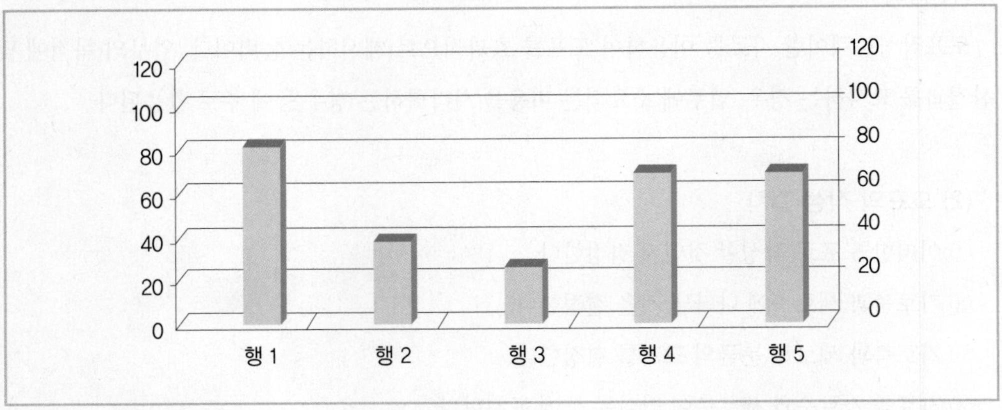

(3) **원 그래프** : 일반적으로 내역이나 내용의 구성비를 분할하여 나타내고자 할 때 활용하는 그래프이다.

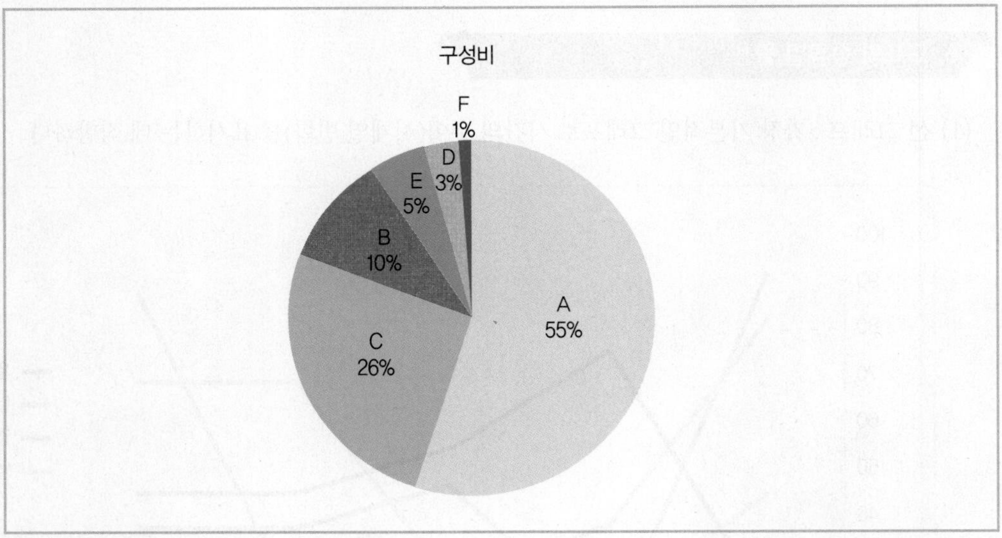

(4) **점 그래프** : 지역 분포를 비롯한 도시, 지방, 기업, 상품 등의 평가나 위치, 성격을 표시하는 데 활용하는 그래프이다.

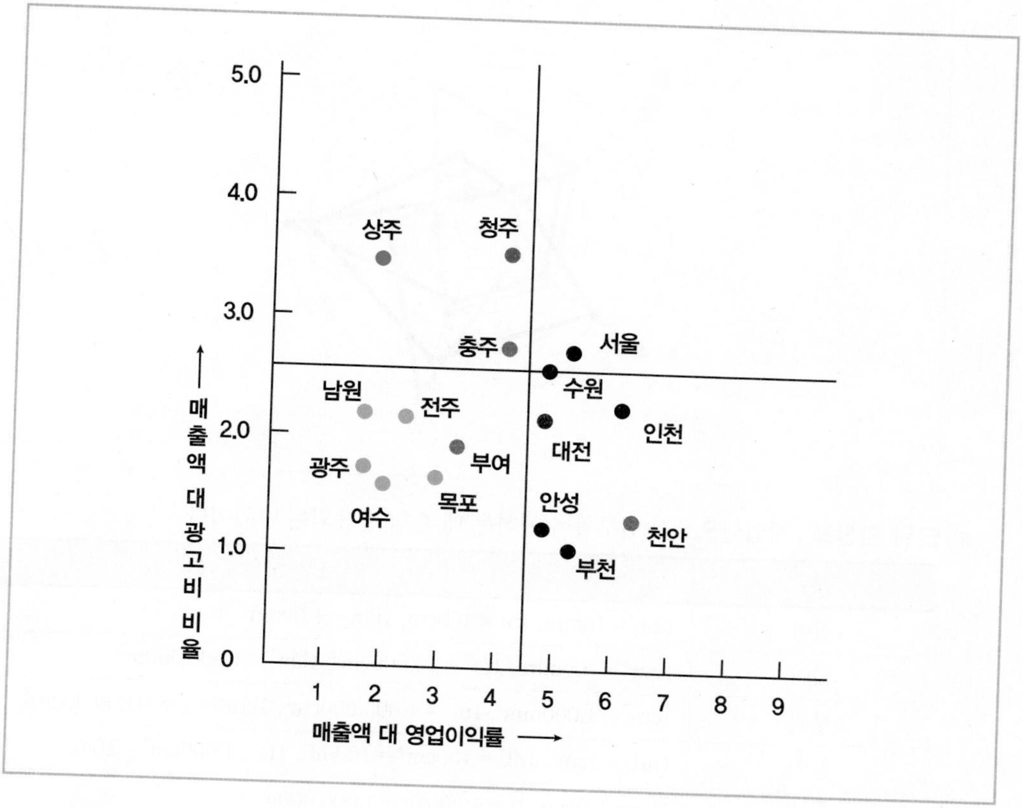

(5) **층별 그래프** : 합계와 각 부분의 크기를 백분율로 나타내고 시간의 변화를 보고자 할 때, 합계와 각 부분의 크기를 실수로 나타내고 시간의 변화를 보고자 할 때 활용하는 그래프이다.

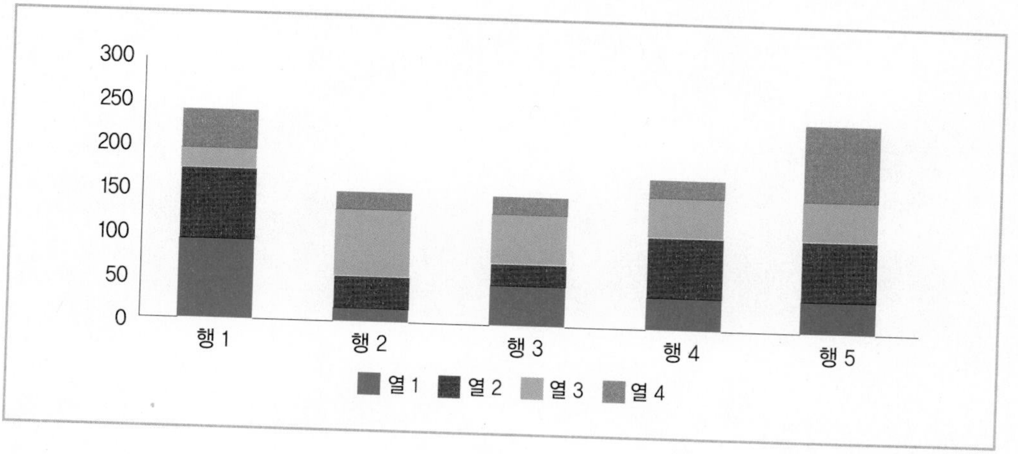

(6) 방사형 그래프 : 다양한 요소를 비교할 때나 경과를 나타낼 때 활용하는 그래프이다.

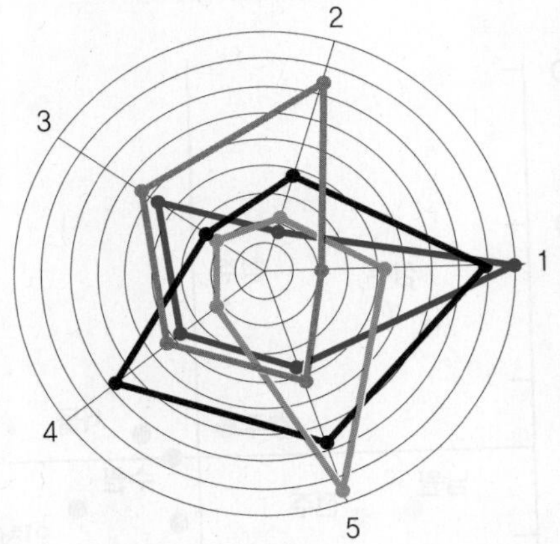

※ 단위 환산표 : 직업인으로서 업무를 수행하는 데 흔히 활용되는 단위이다.

단위	단위 환산
길이	1cm = 10mm, 1m = 100cm, 1km = 1,000m
넓이	$1cm^2 = 100mm^2$, $1m^2 = 10,000cm^2$, $1km^2 = 1,000,000m^2$
부피	$1cm^3 = 1,000mm^3$, $1m^3 = 1,000,000cm^3$, $1km^3 = 1,000,000,000m^3$
들이	$1mL = 1cm^3$, $1dL = 100cm^3 = 100mL$, $1L = 1,000cm^3 = 10dL$
무게	1kg = 1,000g, 1t = 1,000kg = 1,000,000g
시간	1분 = 60초, 1시간 = 60분 = 3,600초
할푼리	1푼 = 0.1할, 1리 = 0.01할, 모 = 0,001할

※ 수리능력 핵심 정리

수리능력이란 업무를 수행함에 있어 사칙연산, 통계, 확률의 의미를 정확하게 이해하고, 업무에 적용하는 능력을 말한다.

하위능력	정의	세부요소
기초연산능력	기초적인 사칙연산과 계산을 하는 능력	• 과제 해결을 위한 연산 방법 선택 • 연산 방법에 따라 연산 수행 • 연산 결과와 방법에 대한 평가
기초통계능력	기초 수준의 백분율, 평균, 확률과 같은 통계 능력	• 과제 해결을 위한 통계 기법 선택 • 통계 기법에 따라 연산 수행 • 통계 결과와 기법에 대한 평가
도표분석능력	도표(그림, 표, 그래프 등)의 의미를 해석하는 능력	• 도표에서 제시된 정보 인식 • 정보의 적절한 해석 • 해석한 정보의 업무 적용
도표작성능력	도표(그림, 표, 그래프 등)를 작성하는 능력	• 도표 제시 방법 선택 • 도표를 이용한 정보 제시 • 제시 결과 평가

1. 한 번의 계산으로 정확한 결과를 내도록 빠른 계산 연습이 필요하다!

수리능력과 관련된 대부분의 문제는 기본적인 사칙연산으로 구성되어 있다. 다만, 계산단계가 복잡하거나 단위가 커서 실수가 발생할 수 있으므로 정확하게 계산하는 연습이 필요하다.

2. 도표, 그래프 등이 주어지면 먼저 문항의 보기(선택지)부터 확인하라!

도표, 그래프 등이 주어진 문제는 많은 내용을 비교 및 판단하여야 하므로 문제를 풀 때 문항의 보기부터 먼저 확인하여 정답을 찾아가는 방식으로 접근해야 한다.

STEP 01 수리능력영역 기출문제 유형분석

01 다음은 금융기관별, 개인신용등급별 햇살론 보증잔액 현황에 관한 자료이다. 보기의 내용 중 옳은 것을 모두 고르면? (IBK 기업은행 기출 문항 변형)

(단위 : 백만 원)

금융기관 / 개인 신용등급	농협	수협	축협	신협	새마을금고	저축은행	합
1	2,425	119	51	4,932	7,783	3,785	19,095
2	6,609	372	(가)	14,816	22,511	16,477	60,862
3	8,226	492	176	18,249	24,333	27,133	78,609
4	20,199	(나)	319	44,905	53,858	72,692	192,944
5	41,137	2,506	859	85,086	100,591	220,535	450,714
6	77,749	5,441	1,909	147,907	177,734	629,846	1,040,586
7	58,340	5,528	2,578	130,777	127,705	610,921	935,849
8	11,587	1,995	738	37,906	42,630	149,409	244,265
9	1,216	212	75	(다)	3,066	1,637	8,060
10	291	97	2	279	539	(라)	1,369
계	227,779	17,733	6,784	486,711	560,750	1,732,596	3,032,353

㉠ 개인신용 2등급 햇살론 보증잔액에서 새마을금고의 보증잔액이 차지하는 비율은 1등급 햇살론 보증잔액에서보다 더 높다.
㉡ 농협의 햇살론 보증잔액 중 8~10등급의 보증잔액 구성비율은 수협의 햇살론 보증잔액 중 8~10등급 보증잔액 구성비율보다 낮다.
㉢ 햇살론 보증잔액이 가장 큰 금융기관은 개인신용등급 중 2~8등급의 보증잔액이 타 금융기관보다 더 많다.
㉣ (가)~(라)를 모두 합한 값은 3,063백만 원이다.

① ㉠, ㉡ ② ㉠, ㉢ ③ ㉢, ㉣ ④ ㉡, ㉣

해설 ㉡ 농협의 햇살론 보증잔액 중 8~10등급 보증잔액 구성비율은 5.74(%), 수협의 8~10등급 보증잔액 구성비율은 12.99(%)이므로 옳은 설명이다.

㉣ (가) ~ (라)의 값을 개인신용등급별 햇살론 보증잔액 기준으로 각각 구해보면,

(가) : 77(백만 원)

(나) : 971(백만 원)

(다) : 1,854(백만 원)

(라) : 161(백만 원)

따라서 (가) ~ (라)를 모두 합한 값은 3,063백만 원이다.

㉠ 개인신용 1등급 햇살론 보증잔액 중에서 새마을금고의 보증잔액이 차지하는 비율은 40.75%, 2등급 햇살론 보증잔액 중 새마을 금고의 보증잔액이 차지하는 비율은 36.98(%)이므로 개인신용 1등급에서 보증잔액이 차지하는 비율이 더 높다.

㉢ 햇살론 보증잔액이 가장 큰 금융기관은 저축은행으로 개인신용등급 중 3~8등급에서 타 금융기관의 보증잔액보다 금액이 더 많은 것을 알 수 있다.

정답 ④ ㉡, ㉣

02 **○○ 은행에서 원화를 12만 엔으로 환전하려고 한다. 이때, 환전수수료 80% 우대쿠폰이 있다면 지불해야 할 환전수수료는 얼마인가?**

(IBK 기업은행 기출 문항 변형)

※ 환전수수료 = 살 때의 가격 - 매매기준율

※ 환전수수료 = 매매기준율 - 팔 때의 가격

- 100엔 기준 매매 기준율 : 929원
- 100엔 기준 살 때 : 949원
- 100엔 기준 팔 때 : 909원

① 3,600원

② 4,800원

③ 9,600원

④ 12,000원

해설 실제 직무수행 장면에서 요구되는 금액 수량 등의 계산능력을 알아보기 위한 문항이다. 기초연산능력은 직장생활에서 다단계의 복잡한 사칙연산을 수행하고, 연산 결과의 오류를 판단 · 수정하는 능력이 요구되기 때문에 필수적으로 갖춰야 한다.

100엔당 환전수수료 = 949원 - 929원 = 20원

환전수수료 80% 우대이므로, 100엔당 환전수수료는 20원 × 0.2 = 4원

10,000엔 환전수수료 = 4원 × 100 = 400원

120,000엔 환전수수료 = 400원 × 12 = 4,800원

정답 ② 4,800원

STEP 02 수리능력영역 출제예상문제

01 A는 자전거를 타고 100m/min의 속도로 이동하고, B는 발로 뛰어서 60m/min의 속도로 이동한다. B가 A보다 160m 앞에 있을 때, 시간이 얼마나 지나야 서로 만나게 되는가?

① 5분
② 4분
③ 3분
④ 2분

02 어떤 기차가 750m인 다리를 통과하는 데는 1분, 1,600m인 터널을 통과하는 데는 2분이 걸린다면 기차의 길이는?

① 200m
② 150m
③ 100m
④ 50m

03 대성이는 지영이네 집으로 a의 속도로 가고, 지영이는 대성이네 집으로 b의 속도로 가고 있다. 두 집 사이의 거리를 χ라 할 때, 둘이 만나는 데 걸리는 시간은?

① $\frac{2\chi}{a+b}$
② $\frac{2\chi}{2a+b}$
③ $\frac{\chi}{2a+b}$
④ $\frac{\chi}{a+b}$

04 비행기가 순항 중일 때는 860km/h의 속력으로 날아가고, 기상이 악화되면 60km/h의 속력이 줄어든다. 어떤 비행기가 3시간 30분 동안 비행하는 데 15분 동안 기상이 악화되었다면 날아간 거리는 총 몇 km인가?

① 3,155km
② 2,995km
③ 2,905km
④ 2,895km

05 승준이가 보트를 타고 강 A에서 B까지 왕복하려고 한다. 보트의 속력이 35km/h, A와 B 사이의 거리가 50km일 때, 하림이가 갔다 오는 데 걸리는 시간은 얼마인가?(단, 물은 A에서 B로 흐르며 속력은 15km/h이다)

① 9.5시간
② 5.5시간
③ 3.5시간
④ 4.5시간

06 8%의 소금물 500g에 소금을 더 넣어 12%의 소금물을 만들었다면, 더 넣은 소금은 몇 g인가?

① $\frac{280}{11}$ g
② $\frac{250}{11}$ g
③ $\frac{260}{11}$ g
④ $\frac{270}{11}$ g

07 A%의 소금물 200g과 24%의 소금물 Bg을 섞었을 때, 이 소금물의 농도는?

① $\frac{24+200}{A+B}\times 100\%$
② $\frac{200A+24B}{200+B}\times 100\%$
③ $\frac{200+B}{2A+24B}\times 100\%$
④ $\frac{2A+\frac{24}{100}B}{200+B}\times 100\%$

08 화창한 어느 날에 3%의 설탕물 400g이 들어있는 컵을 창가에 놓아 두었다. 저녁에 살펴보니 물이 증발하여 농도가 5%가 되었다. 남아 있는 물의 양은 몇 g인가?

① 250g
② 220g
③ 230g
④ 240g

09 8%의 소금물 300g에서 소금물을 조금 퍼내고 퍼낸 소금물만큼의 물을 부은 후 4%의 소금물을 섞어 6%의 소금물 400g을 만들었다. 처음 퍼낸 소금물의 양은 몇 g인가?

① 70g
② 60g
③ 50g
④ 30g

10 은행이 이자를 지급하는 방식에는 단리와 복리라는 두 가지 방식이 있다. 단리는 매월 적립한 금액에 대해서만 이자를 지급하며, 복리는 매월 적립한 금액과 발생한 이자의 합(원리합계)에 대한 이자까지도 지급한다. A라는 은행 상품은 고객이 매월 2%씩 납입금을 증가시키는 형태의 적금이다. 처음에는 100만 원, 한 달 후에는 2% 인상된 102만 원, 두 달 후에는 102만 원에서 2%가 인상된 104만 400원을 적립하는 적금 형식으로, 월 이율 2% 복리를 적용한다. B라는 은행 상품은 초기에만 3,000만 원을 적립하고 연이율 10%의 단리를 적용하는 상품이다. 2017년 1월 1일에 A와 B 상품에 각각 가입했다면 2019년 12월 31일의 원리합계의 차이는 얼마인가?(단, $1.02^{24} = 1.6$으로 계산한다)

① 80만 원
② 160만 원
③ 200만 원
④ 240만 원

[11~12] 다음은 흡연과 관련된 자료이다. 물음에 답하시오

[흡연 및 흡연량]

(단위 : %)

구분		20세 이상 인구	안 피움	흡연		피움	흡연량				
				끊었음	피운 적 없음		10개비 이하	11~20	21~30	31~40	41개비 이상
2000년	전국	100.0	64.9	15.2	84.8	35.1	34.9	55.2	7.2	0.3	2.4
	동부	100.0	65.1	15.1	84.9	34.9	35.9	54.7	6.8	0.3	2.3
	읍·면부	100.0	64.0	15.3	84.7	36.0	30.9	57.3	8.5	0.4	2.9
	성별 남자	100.0	32.2	55.2	44.8	67.8	32.4	57.2	7.6	0.3	2.6
	성별 여자	100.0	95.4	2.6	97.4	4.6	68.6	28.5	1.9	0.2	0.8
2016년	전국	100.0	70.8	20.7	79.3	29.2	40.5	50.7	6.0	2.6	0.2
	동부	100.0	70.7	20.6	79.4	29.3	40.8	50.6	5.9	2.5	0.2
	읍·면부	100.0	71.3	20.8	79.2	28.7	39.2	50.9	6.4	3.1	0.4
	성별 남자	100.0	43.7	60.9	39.1	56.3	38.1	52.5	6.4	2.7	0.3
	성별 여자	100.0	96.2	3.5	96.5	3.8	73.4	24.9	0.6	1.0	0.1

11 2016년 기준으로 우리나라 20세 이상 인구 중 담배를 피우지 않는 인구비율은 2000년에 비해 어떻게 변화하였나?

① 8.9%P 증가
② 5.9%P 증가
③ 6.9%P 증가
④ 7.9%P 증가

12 2016년 기준으로 담배를 피우지 않는 사람 중 담배를 끊은(금연) 사람의 비율은 2000년에 비해 어떻게 변화하였나?

① 8.8%P 증가
② 5.5%P 증가
③ 6.6%P 증가
④ 7.7%P 증가

[13~15] 다음 표는 국내 각 금융기관의 개인대출 현황 자료이다. [표 4]의 연령대별 차입자 현황 중에서 구성비가 모든 금융기관에 동일하게 적용된다고 가정할 때 다음 물음에 답하시오.

[표 1] 금융기관별 개인대출 취급현황

(단위 : 조 원, %)

구분	은행	상호저축은행	할부금융	신용카드	보험	새마을금고	신협	상호금융	기타	전체
개인대출	234.8	6.3	10.6	5.4	12.2	17.8	12.4	80.2	1.1	380.8
구성비	(61.7)	(1.7)	(2.8)	(1.4)	(3.2)	(4.7)	(3.2)	(21.1)	(0.2)	(100.0)

[표 2] 금융기관의 연령대별 개인대출 비중(금액 기준)

(단위 : %)

구분	30세 미만	30~39세	40~49세	50~59세	60세 이상	계
은행	5.6	30.0	37.2	18.5	8.7	100.0
상호저축은행	5.8	23.8	39.3	19.3	11.8	100.0
상호금융	2.3	16.3	35.8	25.6	20.0	100.0
할부금융	19.4	37.6	29.8	9.7	3.4	100.0
신용카드	27.3	37.9	24.9	7.6	2.3	100.0
보험	5.3	34.4	38.9	15.6	5.8	100.0
전체	5.6	26.8	36.4	19.8	11.3	100.0

[표 3] 금융기관별 차입자 수

(단위 : 만 명)

은행	상호저축 은행	할부 금융	신용 카드	보험	새마을 금고	신협	상호 금융	총계
660.0	15.3	92.9	92.1	46.8	58.5	40.1	208.5	1,218.1

[표 4] 연령대별 차입자 현황

(단위 : 천 명, %)

구분	30세 미만	30~39세	40~49세	50~59세	60세 이상	계
차입자 수	1,358	3,156	2,998	1,482	1,013	10,009
구성비	(13.6)	(31.5)	(30.0)	(14.8)	(10.1)	(100.0)
인구대비 차입자 수 비중	6.4	38.1	43.1	34.3	19.6	21.8

13 신협을 이용하는 40대 차입인구는 몇 명인가?

① 15만 5,500명
② 14만 1,500명
③ 12만 300명
④ 11만 4,300명

14 상호금융을 통한 30대 차입인구의 개인대출 총액은?

① 약 12조 원
② 약 13조 원
③ 약 14조 원
④ 약 15조 원

15 은행을 통한 30대(30~39세) 차입인구의 평균 개인대출 금액은?

① 4,800만 원
② 4,200만 원
③ 3,900만 원
④ 3,400만 원

Chapter 03 문제해결능력

1. 문제해결능력

(1) 정의

문제해결능력은 직장에서 업무를 수행하면서 문제가 발생했을 때 논리적이고 창의적인 사고로 문제를 바르게 인식하고 적절히 해결하는 능력을 말한다. 문제해결능력은 사고력과 문제처리능력으로 크게 구분되며, 직장생활을 하면서 직면하는 여러 문제를 바르게 인식하고 해결하는 데 가장 중요한 요소라 할 수 있다.

2. 문제의 분류

구분	분석적 문제	창의적 문제
문제 제시 방법	현재에 닥친 문제나 미래에 예견될 문제에 대한 탐구로, 문제 자체가 명확함	당면한 문제가 없더라도 더 좋은 방법을 찾기 위한 탐구로, 문제 자체가 명확하지는 않음
주요 특징	객관적, 논리적, 이성적, 정량적, 일반적, 공통적	주관적, 직관적, 감각적, 정성적, 개별적, 특수적
해결 방법	분석 · 귀납과 같은 논리적 방법을 통해 해결	창의력을 살린 아이디어를 통해 해결
해답 수	답의 수가 적고, 한정되어 있음	답의 수가 많고, 많은 답 가운데 더 나은 것을 선택

3. 사고력

(1) 정의

사고력이란 업무와 관련된 문제를 인식하고 해결함에 있어 창조적 · 논리적 · 비판적으로 생각하는 능력을 말한다.

(2) 창의적 사고

창의적 사고란 문제를 해결할 때 자신이 알고 있는 경험과 지식을 해체하고 재조합하여, 새 아이디어를 다시 산출하는 사고능력을 말한다. 창의적 사고를 하기 위해서는 다양한 사실을 찾고 아이디어를 창출하는 발산적 사고가 필요하다. 발산적 사고를 개발하는 방법에는 자유 연상법, 강제 연상법, 비교 발상법 등이 있다.

(3) 논리적 사고

논리적 사고란 사고가 전개될 때 전후 관계가 일치하는지를 살피고, 아이디어를 평가하는 사고능력을 말한다.

① 피라미드 구조방법 : 하위의 사실이나 현상을 먼저 사고하여 상위의 주장을 만들어가는 방법이다.

② SO WHAT 방법 : 눈앞에 있는 정보부터 의미를 찾아내어 가치 있는 정보를 이끌어내는 방법이다.

(4) 비판적 사고

비판적 사고란 문제를 해결할 때 어떤 문제에 대한 논증, 추론, 증거, 가치, 사례 등을 타당한 것으로 수용할 것인지 또는 불합리한 것으로 수용하지 않을 것인지 등을 결정하는 데 필요한 능력이다. 비판적 사고를 위해서는 어떤 현상을 바라볼 때 문제의식을 가지고 고정관념을 버리는 자세가 필요하다.

4. 문제처리능력

(1) 정의

문제처리능력이란 문제를 해결할 때 그 실천과정에서 실질적으로 요구되는 능력이다. 즉, 업무수행 중 발생한 문제의 원인과 특성을 파악하여 적절한 해결안을 선택하고, 그 해결안을 적용한 결과를 평가하여 피드백하는 능력을 말한다(문제 인식 → 문제 도출 → 원인 분석 → 실행 및 평가).

문제 인식	• WHAT을 결정하는 단계 • 문제를 파악하여 우선순위와 목표를 명확히 하는 단계
문제 도출	• 문제를 분석 · 분해하여 해결점을 명확히 하는 단계 • 인과관계 및 구조를 파악하는 단계
원인 분석	• 핵심문제 분석을 통해 근본원인 도출 • Issue 분석 → Data 분석 → 원인 파악
실행 및 평가	• 근본원인을 해결할 수 있는 최적의 해결방안을 수립하는 단계 • 실행계획을 실제 상황에 맞게 적용 • 장애가 되는 문제의 원인을 제거

※ 문제해결능력 핵심 정리

문제해결능력이란 업무를 수행하면서 문제 상황이 발생했을 때 창조적이고 논리적인 사고를 통하여 문제를 올바르게 인식하고 적절히 해결하는 능력을 말한다.

하위능력	정의	세부요소
사고력	업무와 관련된 문제를 인식하고 해결할 때 창조적 · 논리적 · 비판적으로 생각하는 능력	• 창의적 사고 • 논리적 사고 • 비판적 사고
문제처리능력	업무와 관련된 문제의 특성을 파악하고 대안을 제시 · 적용하며, 그 결과를 평가하여 피드백하는 능력	• 문제 인식 • 대안 선택 • 대안 적용 • 대안 평가

1. 문제해결의 규칙을 찾아라!

업무 프로세스 적용, 최적의 시간 산출, 상황에 적합한 비용 산출 등을 위한 다양한 규칙과 상황이 주어진다. 따라서 문제를 푸는 데 필요한 규칙과 상황을 신속하고 정확하게 이해하는 능력이 필요하다. 다양한 문제 유형을 접하면서 파생문제를 해결하는 능력을 키워야 한다.

2. 질문의 의도를 파악하라!

문제해결능력영역은 기업체 내의 다양한 문제를 다룬 유형이 출제되기 때문에 다소 생소하여 난해하게 느껴질 수 있다. 그러나 문제 자체는 타 유형 대비 그리 어렵지 않다. 따라서 문제의 의도를 정확하게 파악하는 것이 가장 중요하다.

3. 중요한 정보에는 반드시 표시를 하라!

문제해결능력 문제에는 필요한 정보와 불필요한 정보가 뒤섞여 있는 유형이 많다. 필요한 정보만을 가려내어 문제 해결에 정확히 적용하기 위해서는 자신만의 표시를 해두는 것이 가장 중요하다. 실제 시험에서는 짧은 시간과 긴장감으로 정보를 잘못 적용하여 틀리는 실수가 많으므로 문제에 표시를 하는 연습이 반드시 필요하다.

STEP 01 문제해결능력영역 기출문제 유형분석

01 다음 이○○ 사원의 대화 내용에서 생각할 수 있는 문제해결의 장애요소는 무엇인가?

(IBK 기업은행 기출 문항 변형)

> 최○○ 사원 : 화폐 단위가 너무 높아져서 가치는 그대로 유지하되 액면을 동일한 비율의 숫자로 낮추는 리디노미네이션(Redenomination)이 필요하다는 기사 봤어? 불편한 경우가 있어서 문제이긴 한데 어떻게 생각해?
> 이○○ 사원 : 어제 커피숍 갔더니 아메리카노를 4.5로 표기하고 라떼는 5.0으로 표기해뒀더라. 무슨 뜻인지 한참 생각했지 뭐야.
> 박○○ 사원 : 아메리카노는 4,500원이고 라떼는 5,000원이라는 뜻 아니야? 화폐 단위가 너무 높아서 그렇게 쓰는 곳도 있더라고. 실제로 1953년 100원을 1환으로, 1962년 10환을 1원으로 화폐 액면 단위를 하향 조정한 적도 있어.
> 이○○ 사원 : 그건 별로 효율적이지 못한 거 같아. 2009년 북한에서 화폐 단위를 100분의 1로 줄인 적이 있는데, 물가가 급등해서 결국 정책 실패 책임을 물어 계획재정부장을 총살했다는 뉴스를 본 적이 있어. 그리고 지폐에 1, 5, 10으로만 표기하면 정말 어색하지 않겠어?
> 박○○ 사원 : 하지만 회계처리하기 불편하기 때문에 리디노미네이션이 필요할 수도 있어.
> 이○○ 사원 : 아니, 우리도 북한 꼴을 당할지 몰라.

> ㉠ 문제를 철저하게 분석하지 않는 경우
> ㉡ 고정관념에 얽매이는 경우
> ㉢ 쉽게 떠오르는 단순한 정보에 의지하는 경우
> ㉣ 너무 많은 자료를 수집하려고 노력하는 경우

① ㉠, ㉡　　② ㉡, ㉢, ㉣　　③ ㉠, ㉢
④ ㉠, ㉡, ㉢　　⑤ ㉢, ㉣

해설 이 문제의 의도는 문제를 해결하는 데 장애가 되는 요소들은 조직이 직면한 상황과 맡고 있는 업무의 특성에 따라 다양하게 나타날 수 있음을 밝히고자 함이다. 이러한 장애요소들 중 가장 대표적인 경우를 알고 있는지 묻는 문제이다. 문제해결의 장애요소 중 대표적인 것은 문제를 철저하게 분석하지 않는 경우, 고정관념에 얽매이는 경우, 쉽게 떠오르는 단순한 정보에 의지하는 경우, 너무 많은 자료를 수집하려고 노력하는 경우 등이다. 이○○ 사원은 화폐단위가 높아서 발생하는 문제는 인식하지 않고, 쉽게 떠오른 북한의 정책 실패 정보에만 의지하고 있다. 그리고 지폐에는 1000원, 5000원, 10000원으로 표기해야 한다는 고정관념에 빠져있다.

정답 ④ ㉠, ㉡, ㉢

02 다음은 ○○ 은행에서 발급하고 있는 국제학생증에 대한 안내문이다. A 사원이 해당 상품을 S 대학 디자인학과에 재학 중인 B 고객에게 설명할 경우 확인해야 할 사항으로 적절하지 않은 것은?

(IBK 기업은행 기출 문항 변형)

[국제학생증 체크카드]

• 발급대상 안내
- 만 14세 이상의 Full Time Student
- 만 7세 이상 ~ 만 13세 이하는 체크카드 겸용은 발급이 불가능하며, 일반 국제학생을 발급받아야 함
- 국제학생증 체크카드에는 학과명이 기입되지 않음
(예술대 및 건축학과는 온라인으로 신청 시 학과명이 기입된 국제학생증 발급 가능)

• 주요 서비스

구분	내용	비고
신분증 기능	사진, 생년월일, 국적이 표시되어 신분증으로 사용 가능	–
해외 직불카드 및 할인 서비스	제휴를 맺은 박물관, 유적지, 미술관 및 각종 교통 이용에서 학생 할인 적용	VISA 마크가 부착되어 있는 2,400만여 개 해외 가맹점에서 이용 가능
국내 체크카드 및 할인 서비스	항공권 할인, 숙소 예약비 할인 등	–
긴급의료지원 서비스	여행 중 발생한 긴급사태에 대한 법률, 의료 등 다양한 분야에서의 지원 혜택	24개국 언어로 지원되며, 한국어 서비스도 지원됨

• 발급절차 안내
- 구비서류 준비 → ○○ 은행 방문 → 직접 수령 또는 배송

• 유의사항
- 할인 서비스 이용 시 카드만 제출해도 할인을 받지만 몇몇 업체 및 명소에서는 이용 전 예약을 해야만 할인을 적용받을 수 있는 경우가 있습니다.
- 모든 나라 모든 지역에서 서비스를 받을 수 있는 것이 아니며 주요 국가(미국/캐나다/호주/유럽)에서만 서비스를 지원합니다.
- 국제학생증 체크카드 수령 후 카드 사용 등록을 해야 서비스 이용이 가능합니다.

* 기타사항에 대한 문의는 OO 은행 카드상담센터 또는 홈페이지에서 확인하실 수 있습니다.

① 국제학생증 체크카드는 수령 즉시 사용이 가능하구나.
② 해외에서 VISA 마크가 없는 곳에서는 대부분 국제학생증 체크카드를 이용할 수 없겠네.
③ B 고객은 온라인으로 신청할 경우 국제학생증 체크카드에 사진, 생년월일, 국적, 학과명이 기입되겠구나.
④ 긴급의료지원 서비스는 한국어로도 지원이 된다는 것을 알면 고객들이 안심할 수 있을 거야.

해설 ① 국제학생증 체크카드는 수령 후 카드사용 등록을 해야 서비스 이용이 가능하다.

정답 ① 국제학생증 체크카드는 수령 즉시 사용이 가능하구나.

STEP 02 문제해결능력영역 출제예상문제

01 ○○ 건물은 7층이고 엘리베이터는 한 대밖에 없다. 가희, 나희, 다희, 라희, 마희, 바희는 각각 다른 층에서 내린다. 1층에서 모두 타서 올라가는데, 다희는 가희보다는 늦게 내렸지만 마희보다는 빨리 내렸다. 나희는 바희보다 한 층 더 가서 내렸고, 마희보다 세 층 전에 내렸다. 마희가 마지막에 내린 것이 아닐 때, 짝수 층에서 내린 사람은?

① 바희
② 나희
③ 다희
④ 라희

02 K 회사는 금융거래법 위반 의혹사건으로 감사원의 집중 감사를 받았다. 감사원에서는 이 사건에 연루된 김 부장, 오 과장, 서 과장, 현 대리 그리고 외주거래 담당자 윤 주임을 조사하여 다음과 같은 결론을 내렸다. 아래의 내용이 모두 사실일 때, 금융거래법 위반에 실제로 담합한 사람은 누구인가?

㉠ 부정거래에 연루한 사람은 두 명이다. ㉡ 김 부장이 연루하지 않았다면 오 과장과 외주거래 담당자 윤 주임도 연루하지 않았다. ㉢ 오 과장과 서 과장은 함께 연루했거나 혹은 연루하지 않았다. ㉣ 현 대리가 연루하지 않았다면 서 과장도 연루하지 않았다. ㉤ 현 대리가 연루하였다면 외주거래 담당자 윤 주임도 연루하였다.

① 김 부장, 오 과장
② 오 과장, 현 대리
③ 서 과장, 현 대리
④ 김 부장, 윤 주임

03 최근에 많이 사용되고 있는 퍼실리테이션(Facilitation)의 문제해결방법에 대한 설명으로 옳지 않은 것은?

① 어떤 그룹이나 집단이 의사결정을 잘 하도록 도와준다.
② 정해진 역할을 강화하고 미리 생각했던 결과를 도출한다.
③ 구성원의 동기와 팀워크가 한층 강화된다는 특징이 있다.
④ 의사결정 참가자들의 몰입을 돕고 변화를 감지한다.

04 당신은 △△ 은행의 개인(프라이빗 뱅크, Privite Bank) 서비스를 담당하고 있다. 최근 실적이 감소하고 있는 추세와 그 근본적인 원인을 파악하기 위해서 현재 부족한 부분을 기술하였다. 이를 분석하여 보고하려고 할 때, 종합한 의견으로 가장 적절한 것은?

- 고객들의 니즈(Needs) 변화
- 절대적인 고객 수 감소
- 고객과의 PB 서비스 계약 감소
- 연령대에 따른 소비패턴의 변화
- 금융상품의 다양성 부족

① PB 서비스 창구의 감소
② PB 서비스에 대한 광고효과 미비
③ 고객정보의 수집 부족
④ 새로운 금융상품의 개발

05 아래와 같은 방법으로 면접을 진행할 때, 심층면접을 볼 수 있는 최대 인원 수와 마지막 심층면접자의 기본면접 종료 시각은?

[면접 가이드]

- 기본면접실과 심층면접실은 각 1개이고, 면접 대상자는 1명씩 입실한다.
- 개별면접방식으로 기본면접은 10분 단위, 심층면접은 15분 단위로 계속 치뤄진다.
- 기본면접과 심층면접은 관계없이 따로 진행한다.
- 기본면접을 마쳐야 심층면접에 들어가고, 기본면접을 본 순서대로 심층면접에 들어간다.
- 기본면접은 오전 9시 정각에 실시하고, 심층면접은 첫 번째 기본면접이 종료된 시각에 시작한다.
- 오후 12시부터 13시까지 모든 면접은 점심 휴게시간을 가진다. 휴게시간은 정확히 지켜야 한다.
- 오후 면접은 13시에 시작하며, 면접은 17시 정각에 종료한다.
- 기본면접을 본 사람은 반드시 당일에 심층면접을 봐야 하고, 두 개의 면접시간이 확보되지 않을 때는 새로운 면접을 시작하지 않는다.

※ 이동시간이나 다른 조건은 고려하지 않는다.

	인원 수	종료 시각
①	26명	14시 30분
②	27명	14시 40분
③	27명	14시 30분
④	28명	14시 40분

[06~07] 다음은 전기요금 산정 담당자인 A에게 문의 온 내용이다. 규정을 토대로 질문에 답하시오.

[주택용 전기요금 규정]

기본부가요금(원/호)		전력량요금(원/kWh)	
100kWh 이하	510	처음 100kWh까지	60.7
101~200kWh	1,010	100~ 200kWh	125.9
201~300kWh	1,700	200~ 300kWh	187.9
301~400kWh	3,950	300~ 400kWh	280.6
401~500kWh	7,400	400~ 500kWh	417.7
500kWh 초과	12,840	500kWh 초과	709.5

• 전기요금 계산 방법

① 기본요금(원 단위 미만 절사, 구간별 동일)

② 전력량요금(원 단위 미만 절사, 100kWh 사용량 × 전력량 + 100kWh 단위별로 × 전력량)

③ 전기요금계 = ① + ② − 복지할인

④ 부가가치세(원 단위 미만 4사 5입) = ③ × 10%

⑤ 전력산업기반기금(10원 미만 절사) = ③ × 3.7%

⑥ 청구요금 합계(10원 미만 절사) = ③ + ④ + ⑤

※ 월 최저요금은 1,000원으로 한다.

※ 표준전압 220V, 380V 대상(110V 별도)

[복지할인]

구분	내용	적용 및 한도
독립유공자, 국가유공자, 장애인, 기초생활수급자	전기요금 감액	월 8,000원 한도
차상위계층	전기요금 감액	월 2,000원 한도
자동이체	전기요금계 감액	전월 납부 전기요금의 1%, 월 1,000원 한도

※ 복지할인은 중복 적용되지 않음(단, 자동이체 할인 제외)

06 **다음은 전자우편으로 온 고객의 상담내용이다. 내용을 토대로 이번 달 전기요금을 계산하면 얼마인가?**

<발신인 : 김 아무개(amuge@메일)>
<수신인 : ○○ 전력 고객지원 센터>

저는 이번 한 달 동안 110kWh를 사용했습니다. 전월 전기요금은 10,000원이었습니다. 이번 달 납부할 요금도 자동이체 통장에 미리 입금하고자 합니다. 저는 차상위계층입니다. 저에게 청구될 전기요금이 얼마인지 답장을 해주세요.

① 6,230원 ② 6,620원 ③ 7,090원 ④ 7,220원

07 **다음은 고객과의 통화 내용이다. 내용 중 옳지 않은 것은?**

A : 안녕하세요. ○○ 전력 담당자 A입니다.
고객 : 안녕하세요. 이번 달 전기요금에 대해 문의드릴 것이 있어서 전화드렸습니다. 이번 달 요금이 지난달 요금보다 많이 나왔는데, 청구내역을 알고 싶어서요.
A : 네. 지난달에 전력사용량은 얼마나 되나요?
고객 : 150kWh 사용했어요.
A : 150kWh 사용하셨으면 ① 기본요금은 1,010원이 적용되며, 전력량요금은 18,895원입니다.
고객 : 제가 독립유공자인데, 복지할인을 받는 것으로 알고 있어요.
A : 네, 그러시면 ② 월 8,000원 한도로 할인 받으실 수 있습니다.
고객 : 부가가치세 포함 금액인가요?
A : 아니요. ③ 부가가치세 10% 미포함입니다.
고객 : 그렇다면 그거 말고 추가되는 요금은 있나요?
A : ④ 전력산업기반기금 3.7% 추가해서 요금이 청구됩니다.
고객 : 그렇다면 지난달 요금이 얼마 정도 될까요?
A : 고객님께 청구된 지난달 요금은 ⑤ 6,100원입니다.
고객 : 네. 감사합니다.
A : 전화 문의 주셔서 감사합니다. 상담원 A였습니다.

08 다음은 A 은행과 B 교육회사 간의 계약서 일부이다. 귀책사유가 발생하여 훈련사업 계약이 해지되었다면, B 회사의 귀책사유로 적절하지 않은 것은?

[민간위탁 교육훈련사업 계약서]

(가) A 은행(甲이라 칭함)과 B 회사(乙이라 칭함)는 교육훈련 위탁을 위해 계약을 맺는다.
(나) 계약기간은 1월 1일부터 12월 31일까지, 계약금액(사업비라 한다)은 총 8,000만 원이다.
(다) 甲은 乙에게 반기(6개월)가 시작되는 월에 사업비의 50%에 해당하는 금액(4,000만 원)을 지급하며, 乙이 청구한 날로부터 10일 이내에 지급한다.
(라) 乙은 하반기 사업비 청구 시 甲에게 상반기 중간 결과 보고와 사업비 사용내역 증빙서류를 함께 제출하여야 하며, 甲은 이를 확인한 후 지급한다.
(마) 乙은 위탁받은 교육훈련을 제외한 다른 용도로 사업비를 사용하여서는 안 된다.
(바) 乙은 위탁받은 사업의 사업비와는 별도로 매 분기(3개월) 종료 후 10일 이내에 훈련 참여자의 실적에 따른 성과 인센티브의 지급을 청구할 수 있다. 단, 관련 증빙서류를 구비하여야 한다.
(사) 甲은 (마)에 따른 관련 증빙서류를 확인한 후 결격사유가 없다면 성과 인센티브를 참여자 1인당 10만 원씩 지급한다. 단, 실적은 교육훈련 관련만 인정된다.

① 乙은 8월 8일에 하반기 사업비 지급을 청구하면서 상반기 사업추진실적 및 사업비 사용내역을 제출하였다.
② 乙은 9월 9일에 관련 증빙서류를 구비하여 성과 인센티브의 지급을 청구하였다.
③ 乙은 9월 10일 교육훈련의 일환인 甲의 등산대회에 사업비에서 100만 원을 협찬하였다.
④ 乙은 성과 인센티브 받을 사람이 교육을 그만두자, 그 금액을 사업비에 포함하였다.

09 다음 명제들이 모두 참일 때, 추론으로 옳지 않은 것은?

(가) 사과를 좋아하는 사람은 바나나를 좋아한다.
(나) 사과를 좋아하지 않는 사람은 딸기를 좋아한다.
(다) 코코넛을 좋아하는 사람은 사과를 좋아한다.
(라) 코코넛을 좋아하지 않는 사람은 딸기를 좋아한다.
(마) 딸기를 좋아하는 사람은 바나나를 좋아하지 않는다.

① 코코넛을 좋아하는 사람은 바나나를 좋아한다.
② 딸기를 좋아하는 사람은 사과를 좋아하지 않는다.
③ 사과를 좋아하지 않는 사람은 바나나를 좋아하지 않는다.
④ 사과를 좋아하지 않는 사람은 코코넛을 좋아하는지 싫어하는지 알 수 없다.

10 다음 글에서 K 회사가 SWOT 분석을 할 때, 옳지 않은 것은?

> 번역 출판사로 명성이 높은 K 회사에서는 10년 전 베스트셀러의 새로운 번역본을 출간하였다. 이 모델은 Ⓐ 기존의 번역본보다 어휘, 단어 등이 요즘 시대에 맞게 수정되었고, 예전의 느낌을 최대한 반영하기 위해 전자도서가 아닌 인쇄된 도서로 출간되었다. 책의 내용뿐만 아니라 책 표지나 책의 질감, 삽화 등도 수년간의 경험을 토대로 최고의 품질을 이끌어냈다는 평이다. K 회사 관계자는 인터뷰에서 Ⓑ K 회사의 인지도를 기반으로 공격적인 마케팅을 펼치고 있다고 말했다.
>
> 하지만 다른 업계 관계자에 따르면 Ⓒ 광고비용, 저작권, 출간비용 등의 상승으로 인해 가격이 높게 책정되어 K 회사의 새 번역본이 높은 판매고를 이끌기는 어렵다는 이야기도 있다.
>
> 현재 Ⓓ 출판시장은 젊은 층을 중심으로 인쇄된 도서보다는 PC나 스마트폰에서 볼 수 있는 전자책의 선호가 높은 상황이다. Ⓔ 이러한 경향에 맞추어 기존의 출판사들은 대부분 전자출판으로 바뀌는 상황이다. 그러나 Ⓕ 다시 인쇄된 도서를 선호하는 분위기가 확산되면서 인쇄시장이 활기를 띠고 있다.

① S(강점) : Ⓐ, Ⓑ
② W(약점) : Ⓒ
③ O(기회) : Ⓕ
④ T(위협) : Ⓓ, Ⓔ

11 다음 중 하드 어프로치(Hard Approach)에 대한 설명으로 옳지 않은 것은?

① 직설적으로 서로의 생각을 주장한다.
② 새롭고 창조적인 아이디어를 얻을 수 있다.
③ 사실과 원칙에 근거한 토론을 통해 문제의 해결방안을 찾는다.
④ 구성원 전원이 합의할 수 있는 일치점을 찾도록 노력해야 한다.

12 K 금융회사는 고객 200명을 대상으로 금융상품 선호 조사를 하였다. 조사 대상은 K 주택전세자금, K 안심보험, K 인터넷 저축상품이고, 답변은 중복이 가능하지만 어느 상품도 선호하지 않는 고객은 없었다. 조사 결과, K 주택전세자금을 선호하는 고객은 60명, K 안심보험을 선호하는 고객은 85명, K 인터넷 저축상품을 선호하는 고객은 125명이었고, K 주택전세자금과 K 안심보험을 모두 좋아한다고 응답한 고객은 20명, K 안심보험과 K 인터넷 저축상품을 모두 좋아한다고 응답한 고객은 45명, K 주택전세자금과 K 인터넷 저축상품을 모두 좋아한다고 응답한 고객은 15명이었다. 위의 설문을 벤다이어그램으로 나타냈을 때, 표시한 영역에 해당하는 고객 수로 옳은 것은?

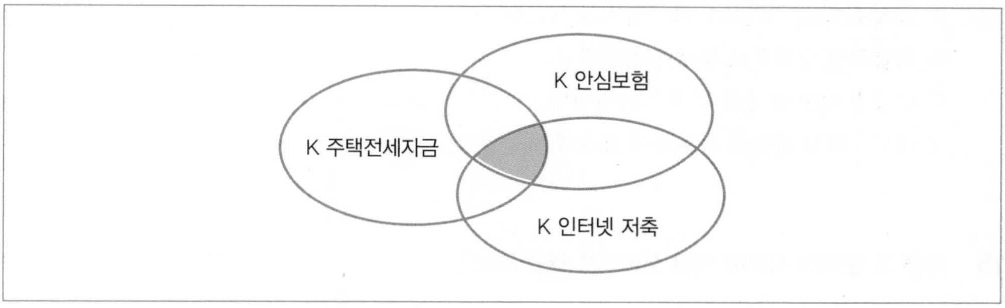

① 5명　　② 10명

③ 15명　　④ 20명

13 다음 중 협상전략의 유형에 대한 설명으로 옳은 것은?

① 강압전략 – Lose-Win 전략으로 당신의 승리를 위해서 나는 손해를 보아도 괜찮다는 전략이다.

② 회피전략 – 경쟁전략으로 자신이 상대방보다 힘에서 우위를 점유하고 있을 때 자신의 이익을 극대화하기 위한 공격적 전략이다.

③ 협력전략 – 무행동전략으로 협상에서 철수하는 철수전략이다. 협상을 피하거나 잠정적으로 중단한다.

④ 유화전략 – 양보전략으로 상대방이 제시하는 것을 부분적으로 수용하여 협상의 가능성을 높이려는 전략이다.

14 **K 부장의 문제해결과정에서 보완해야 할 부분은?**

> K 부장은 해외영업 담당 부서에서 근무한다. 외국의 B 회사와 물품거래를 하는 도중, Q 나라의 수입 규정에 의하여 물품 수출에 차질이 생겼다. K 부장이 조사한 결과, 문제의 원인은 제품에 대한 B 회사의 불명확한 이해와 Q 국가와의 문화 차이라고 진단하였다. 그 후, 회사의 기술팀을 파견하여 제품의 보안정책과 업그레이드에 대해 명확히 설명하고 기술 제휴를 제안하였으나, 거래를 성사시키는 데는 실패하였다.

① 문제 분석을 기반으로 해결방법을 세운다.
② 귀납적인 방법으로 문제에 접근한다.
③ 추상적 사고를 통해 문제를 해결한다.
④ 내부 · 외부 자원을 활용하여 효율성을 높인다.

15 **다음 중 분석적 사고에 대한 설명으로 옳은 것은?**

① 복잡하게 느껴지는 전체를 각 요소로 나누어서 그 요소마다 의미를 정리하고, 우선순위에 따라서 문제해결방법을 생각하고 실행한다.
② 비슷한 요소들을 좀 더 포괄성 있는 범주로 묶어 폭넓게 생각하여 관련성을 정의한다.
③ 모든 생각에 앞서 현재 할 수 있는 일을 먼저 생각하고, 그에 따라 해결할 수 있는 것부터 해결해 나간다.
④ 원인과 결과에 대해 한 부분으로만 분석하지 않고, 사건을 여러 방면에서 볼 수 있도록 생각을 바꾼다.

Chapter 04 자원관리능력

1. 자원관리능력

(1) 정의

자원관리능력은 직장생활에서 예산, 시간, 인적자원, 물적자원 등의 자원 가운데 무엇이 얼마나 필요한지를 파악하고, 사용할 수 있는 자원을 최대한 확보하여 실제 업무에 어떻게 활용할 것인지 계획을 수립하며, 그에 따라 확보한 자원을 효율적으로 활용하고 관리하는 능력이다. 직장인들이 조직이나 개인의 업무 성과를 높이기 위해서는 자원을 적절하게 관리할 수 있는 능력이 필수적이다.

(2) 자원관리의 기본과정

① 자원 파악 : 필요한 자원의 종류와 수량 확인

② 자원 확보 : 이용 가능한 자원들을 수집

③ 계획 수립 : 파악된 자원을 기반으로 활용 계획 세우기

④ 활용 및 관리 : 계획 기반 수행 및 진행

2. 시간관리능력

(1) 정의

시간관리능력이란 기업 활동에 있어서 필요한 시간자원을 파악하고, 사용할 수 있는 시간자원을 최대한 확보하여 실제 업무에 어떻게 활용할 것인지 계획을 수립한 후, 그에 따라 시간을 효율적으로 활용하여 관리하는 능력을 의미한다.

(2) 시간 단축의 중요성

시간 단축은 정해진 업무의 양에 소모되는 시간을 축소하거나 한정된 시간에 할 수 있는 일의 양을 증가시키는 것이다. 기업은 시간 단축을 통해 생산성 향상, 위험 감소, 시장점유율 증가 등의 다양한 효과를 도모할 수 있다.

(3) 시간관리의 효과

① 생산성 향상 : 한정된 시간자원을 효율적으로 관리하면 생산성을 향상시킬 수 있다.

② 균형적인 삶 : 직장에서 일을 수행하는 시간이 감소하여 삶의 여유를 가질 수 있다.

③ 스트레스 관리 : 시간관리를 통해 일의 부담이 줄어들면 스트레스가 감소된다.

④ 목표 성취 : 목표에 매진할 시간을 갖도록 한다.

(4) 시간관리의 과정

① 명확한 목표 설정 → ② 일의 우선순위 설정 → ③ 예상 소요시간 결정 → 시간계획서 작성

※ 직장인들이 시간 계획을 적절하게 세우기 위해서 지켜야 하는 가장 기본적인 원리는 60 : 40 Rule을 지키는 것이다. 이는 계획된 행동 60%, 비계획된 행동 40%(계획 외의 행동 20%, 자발적 행동 20%)를 의미한다.

〈일의 우선순위 판단〉

Ⅰ. 긴급하면서 중요한 일 • 위기상황 • 급박한 문제 • 기간이 정해진 프로젝트	Ⅱ. 긴급하지 않지만 중요한 일 • 예방 생산능력 활동 • 인간관계 구축 • 새로운 기회 발굴 • 중장기 계획, 오락
Ⅲ. 긴급하면서 중요하지 않은 일 • 잠깐의 급한 질문 • 일부 보고서 및 회의 • 눈앞의 급박한 상황 • 인기 있는 활동 등	Ⅳ. 긴급하지 않고 중요하지 않은 일 • 바쁜 일, 하찮은 일 • 우편물, 전화 • 시간 낭비거리 • 즐거운 활동 등

3. 예산관리능력

(1) 정의

예산관리능력이란 기업에서 부서별 필요한 예산을 파악하고, 사용할 수 있는 예산을 최대한 확보하여 실제 업무에 어떻게 집행할 것인지 계획을 수립한 후, 그에 따라 예산을 효율적으로 집행하여 관리하는 능력을 의미한다. 한정된 예산을 효율적으로 사용하여 얼마나 큰 성과를 낼 수 있느냐가 중요하게 여겨지는 만큼, 예산관리능력은 모든 직장인에게 필수적이다.

(2) 직접비용(Direct Cost)

직접비용이란 기업에서 제품의 생산이나 서비스를 창출하기 위해 직접 소비한 비용을 말한다.

① 재료비 : 제품의 제조를 위하여 재료 구매에 지출된 비용

② 원료와 장비 : 제품을 제조하는 과정에서 소모된 원료나 필요한 장비에 지출된 비용, 실제 구매된 비용이나 혹은 임대한 비용이 모두 포함된 비용

③ 인건비 : 제품 생산 또는 서비스 창출을 위한 업무를 수행하는 사람들에게 지급되는 비용으로 계약에 의해 고용된 외부 인력에 대한 비용도 포함되며, 일반적으로 전체 비용 중 가장 큰 비중을 차지

④ 시설비 : 제품을 효과적으로 제조하기 위한 목적으로 건설되거나 구매된 시설에 지출된 비용

⑤ 출장비 및 잡비 : 제품 생산 또는 서비스를 창출하기 위해 출장이나 타 지역으로의 이동이 필요한 경우와 기타 과제 수행상에서 발생하는 다양한 비용

(3) 간접비용(Indirect Cost)

간접비용이란 제품을 생산하거나 서비스를 창출하기 위해 소비된 비용 중에서 직접비용을 제외한 비용으로, 제품 생산에 직접 관련되지 않은 비용을 말한다. 간접비용은 과제에 따라 혹은 과제가 수행되는 상황에 따라 다양하게 나타날 수 있다. 간접비용의 예로는 건물 관리비, 보험료, 통신비, 광고비, 각종 공과금, 사무 비품비 등이 있다.

(4) 예산관리과정

필요한 과업 및 활동 규명	예산의 배정 전, 예산 범위 내 예산 정리 및 수행 활동
▼	
우선순위 확정	우선적으로 배정되어야 하는 활동별로 예산 지출 규모를 확인하여 우선순위 확정
▼	
예산 배정	우선순위가 높은 활동 순으로 예산 배정

4. 물적자원관리능력

(1) 정의

물적자원관리능력이란 기업활동에 필요한 물적자원을 파악하고, 사용할 수 있는 물적자원을 최대한 확보하여 실제 업무에 어떻게 활용할 것인지 계획을 수립한 후, 그에 따라 물적자원을 효율적으로 활용하여 관리하는 능력을 의미한다. 물적자원은 석탄 · 석유 등 자연상태 그대로인 자연자원과 시설 · 장비 등 인위적으로 가공하여 만든 인공자원으로 나뉜다.

(2) 물적자원관리 과정

사용 물품과 보관 물품의 구분	• 반복 작업 방지 • 물품 활용의 편리성

▼

동일 및 유사 물품으로의 분류	• 동일성의 원칙 • 유사성의 원칙

▼

물품 특성에 맞는 보관 장소 선정	• 물품의 형상 • 물품의 소재

5. 인적자원관리능력

(1) 정의

인적자원관리능력이란 기업에서 필요한 근로자의 기술 · 능력 · 업무 등의 인적자원을 파악하고, 동원할 수 있는 인적자원을 최대한 확보하여 실제 업무에 부서별로 어떻게 배치할 것인지 계획을 수립한 후, 그에 따라 인적자원을 효율적으로 관리하는 능력을 의미한다.

(2) 합리적인 인사관리 원칙

① 적재적소 배치의 원칙 : 해당 직무 수행에 가장 적합한 인재를 배치해야 한다.

② 공정 인사의 원칙 : 직무 배당, 승진, 상벌, 근무 성적의 평가, 임금 등을 공정하게 처리해야 한다.

③ 공정 보상의 원칙 : 근로자의 인권을 존중하고 공헌도에 따라 노동의 대가를 공정하게 지급해야 한다.

④ 종업원 안정의 원칙 : 직장에서 신분이 보장되고 계속해서 근무할 수 있다는 믿음을 가질 수 있도록 하여 근로자가 안정된 회사 생활을 할 수 있도록 해야 한다.

⑤ 창의력 계발의 원칙 : 근로자가 창의력을 발휘할 수 있도록 새로운 건의 · 제안 등의 기회를 마련하고, 적절한 보상을 하여 인센티브를 제공해야 한다.

⑥ 단결의 원칙 : 직장 내에서 구성원들이 소외감을 갖지 않도록 배려하고, 유대감을 가지고 협동 및 단결하는 체제를 이루도록 한다.

(3) 효과적인 인력 배치의 원칙

① 능력주의 : 개인의 능력과 실적에 대해 그에 상응하는 보상을 주는 원칙을 말한다. 즉, 적재적소주의 원칙의 상위개념이라고 할 수 있다.

② 적재적소주의(The Right Man for the Right Job) : 팀원의 능력이나 성격 등과 가장 적합한 위치에 배치하여 팀원 개개인이 능력을 최대로 발휘해줄 것을 기대한다.

③ 균형주의 : 모든 팀원을 포함하여 전체의 적재적소를 먼저 생각한다. 즉, 팀 전체의 능력 향상, 의식 개혁, 사기 증진 등의 도모를 통한 조화를 중요시한다.

(4) 인력 배치의 유형

① 양적 배치 : 작업량과 조업도, 여유 인원과 부족 인원 등을 감안하여 소요 인원을 결정하여 배치한다.

② 질적 배치 : 적재적소의 배치 개념이다.

③ 적성 배치 : 구성원의 적성과 흥미 등을 고려하여 배치한다.

※ 자원관리능력 핵심 정리

자원관리능력이란 업무를 수행함에 있어 시간, 자본, 재료, 시설, 인적자원 등의 자원 가운데 무엇이 얼마나 필요한지 확인하고, 이용 가능한 자원을 최대한 수집하여 실제 업무에 어떻게 활용할 것인지 계획하며, 그에 따라 업무 수행에 할당하는 능력을 말한다.

하위능력	정의	세부요소
시간관리능력	시간자원이 얼마나 필요한지 확인하고, 이용 가능한 시간자원을 최대한 수집하여 실제 업무에 어떻게 활용할 것인지 계획하고 할당하는 능력	• 시간자원 확인 • 시간자원 확보 • 시간자원 활용 계획 수립 • 시간자원 할당
예산관리능력	자본자원이 얼마나 필요한지 확인하고, 이용 가능한 자본자원을 최대한 수집하여 실제 업무에 어떻게 활용할 것인지 계획하고 할당하는 능력	• 예산 확인 • 예산 할당
물적자원 관리능력	재료 및 시설자원이 얼마나 필요한지 확인하고, 이용 가능한 재료 및 시설자원을 최대한 수집하여 실제 업무에 어떻게 활용할 것인지 계획하고 할당하는 능력	• 물적자원 확인 • 물적자원 할당
인적자원 관리능력	인적자원이 얼마나 필요한지를 확인하고, 이용 가능한 인적자원을 최대한 수집하여 실제 업무에 어떻게 활용할 것인지 계획하고 할당하는 능력	• 인적자원 확인 • 인적자원 할당

1. 가장 효율적인 방안을 정답으로 선택하라!

자원관리 업무의 목적은 주어진 상황 속에서 최소 투입으로 최대 산출량을 얻는 것이다. 즉, 자원관리능력 문제 유형의 공통적인 특징은 효율적인 대안을 찾는 것이다. 이러한 맥락을 파악하고 문제를 접근한다면 문제를 더 수월하게 해결할 수 있다.

2. 어떤 분야의 문제인지 먼저 파악하라!

자원관리능력은 시간관리, 예산관리, 물적자원관리, 인적자원관리 총 4가지 분야로 구분할 수 있다. 각 분야의 문제 유형은 서로 상이하지만, 동일한 분야인 경우에는 서로 비슷하다. 따라서 각 유형별 문제의 특징을 이해하고 파악하는 것이 매우 중요하다.

STEP 01 자원관리영역 기출문제 유형분석

01 다음 표와 같이 각 지점별 수요량과 공급량, 지점 간 수송비용이 주어졌을 경우, 최소 총 수송비는?

(IBK 기업은행 기출 문항 변형)

공급지＼수요지	A	B	C	D	공급합계
X	7만 원	9만 원	6만 원	5만 원	70톤
Y	5만 원	8만 원	7만 원	6만 원	100톤
Z	6만 원	7만 원	9만 원	8만 원	80톤
수요합계	100톤	80톤	50톤	20톤	250톤

① 1,350만 원　② 1,410만 원　③ 1,460만 원　④ 1,560만 원

해설 주어진 정보들을 바탕으로 가용한 수요량과 공급량, 수송비를 확인하고 적용하여 최소 총 수송비를 산출하는 문제이다. 먼저 공급지 Y에서 수요지 A로 수송비 5만 원에 100톤을 공급한다(총 500만 원). 다음은 X → D로 5만 원에 20톤을 공급하고(총 100만 원), X → C로 6만 원에 50톤을 공급한다(총 300만 원). 마지막으로 공급지 Z에서 수요지 B로 수송비 7만 원에 80톤을 공급한다(총 560만 원). 따라서 총 금액을 합치면 500 + 100 + 300 + 560 = 1,460만 원의 총 수송비(최소)가 계산된다.

정답 ③ 1,460만 원

02 이번 남품일이 3월 2일이라고 했을 때, 해당 일을 기준으로 추정할 수 있는 다음 납품일은 언제인가? (IBK 기업은행 기출 문항 변형)

[대화] 현○○ 대리, 오○○ 대리

현○○ 대리: 안녕하세요, 오 대리님. 저 현 대리입니다.
다름이 아니라 저희 쪽에서 납품일자에 맞춰서 계획해야 하는 일들이 있어서 그런데, 다음 납품일이 언제일지 알 수 있을까요?

오○○ 대리: 네, 잠시만 기다려주시면 관리일지 확인해보고 다시 전화드리겠습니다.

[자료] 2월 관리일지

항목	시간(일)
창고 대기시간	18
검사시간	1
가공시간	2
이동(운반)시간	1
작업 대기시간	3

※ 총 제조시간 = 가공시간 + 검사기간 + 이동시간 + 작업 대기시간
※ 납품 사이클 = 창고 대기시간 + 총 제조시간

① 3월 20일 ② 3월 23일 ③ 3월 27일 ④ 4월 2일

해설 주어진 정보와 자료들을 바탕으로 가용한 시간자원을 선택하고 적용할 수 있는지를 보기 위한 문항이다. 모든 직장인에게 시간은 똑같이 주어지지만, 그것을 어떻게 활용하느냐에 따라서 가치가 달라진다. 주어진 자료에 근거하여 총 제조시간을 계산해보면 7일(2 + 1 + 1 + 3 = 7)이 걸리며, 여기에 창고 대기시간 18일을 합하면 납품 사이클은 25일 주기임을 알 수 있다. 따라서 3월 2일에 제품을 납품했다면, 이후 25일째 되는 날인 3월 27일에 다시 납품한다.

정답 ③ 3월 27일

STEP 02 자원관리능력영역 출제예상문제

[01~02] 다음은 [비품 가격표]이다. 이어지는 질문에 답하시오.

ㅇㅇ문구	사업자	702-34-2345
품명	수 량	단 가
라벨지 50mm(SET)	1	18,000
받침대	1	24,000
블루투스 마우스	1	27,000
★특가★ 문서 수동세단기(탁상용)	1	36,000
AAA 건전지(SET)	1	4,000

※ 3단 받침대는 2,000원 추가

※ 라벨지를 91mm 사이즈로 변경 구매 시 세트당 5% 금액 추가

※ 블루투스 마우스 3개 이상 구매 시 건전지 3SET 무료 증정

01 A 회사에서 2/4분기 비품 구매를 하려고 한다. 다음 주문서대로 주문할 때 총 주문 금액으로 옳은 것은?

주문서			
라벨지 50mm	2개	받침대	1개
블루투스 마우스	5개	AAA 건전지	5개

① 148,000원
② 183,000원
③ 200,000원
④ 203,000원

02 비품 구매를 담당하는 A 사원은 주문수량을 기입해서 주문내역을 수정하였다. 수정내역대로 비품을 주문했을 때 총 주문 금액으로 옳은 것은?

주문서			
라벨지 91mm	4개	3단 받침대	2개
블루투스 마우스	3개	AAA 건전지	3개
문서 수동세단기	1개		

① 151,000원
② 244,600원
③ 252,600원
④ 256,600원

03 윤○○ 대리는 3월 한 달 동안의 전기자동차 사용 관련 품의비를 올리려고 한다. 한 달 총 품의비로 옳은 것은?(단, 품의비에는 렌트비와 충전요금이 포함된다)

[일정표]

3월 14일(월) 8:30~13:00	화성 A 공장 부지 답사(5명)
3월 15일(화) 18:00~21:00	수원 B 업체와 현장 미팅(4명)
3월 16일(수) 8:00~12:00	송도 ○○센터 D 홀 국제포럼 참석(7명)
3월 17일(목) 10:00~15:00	성남 H 협력업체 출장(3명)
3월 18일(금) 11:00~16:00	일산 킨텍스 방문(2명)
3월 19일(토) 20:00~22:00	안산 C 업체 공장 방문(6명)

※ 단, 모두 서울 본사에서 출발한다.
※ 전기자동차 이용 중 충전해야 한다.

구분	4인용	7인용
렌트비	45,000원	50,000원

※ 저압으로 하루에 20kW씩 꼭 충전해야 한다.

※ 5일 이상 연속으로 이용 시 렌트비 총 금액에서 10% 할인된다.

※ 충전 가능 시간 : 8~9시, 14~15시, 20~21시

[전기자동차 충전 전력요금]

구분		기본요금	전력량 요금(원/kWh)			
			시간대	여름철	봄 · 가을철	겨울철
자가소비	저압	2,390원	경부하	57.6	58.7	80.7
			중간부하	145.3	70.5	128.2
			최대부하	232.5	75.4	190.8
	고압	2,580원	경부하	52.5	53.5	69.9
			중간부하	110.7	64.3	101.0
			최대부하	163.7	68.2	138.8

[계절별 시간대별 구분]

구분	여름철, 봄 · 가을철	겨울철
	(6~8월), (3~5월, 9~10월)	(11~2월)
경부하 시간대	23:00~09:00	23:00~09:00
중간부하 시간대	09:00~10:00 12:00~13:00 17:00~23:00	09:00~10:00 12:00~17:00 20:00~22:00
최대부하 시간대	10:00~12:00 13:00~17:00	10:00~12:00 17:00~20:00 22:00~23:00

① 272,126원 ② 274,126원 ③ 275,126원 ④ 279,024원

[04~06] 다음은 동일한 제품군을 생산하는 A 기업과 B 기업이 각 제품의 광고를 동시에 내보낼 때 올릴 수 있는 수익을 정리한 것이다. 물음에 답하시오.

[제품별 월 수입]

단위 : 억 원

구분		B기업		
		(가)	(나)	(다)
A 기업	(가)	-8, 2	5, -4	0, 10
	(나)	-7, 12	6, 3	1, 6
	(다)	8, -1	-5, 4	12, 1

계절	선호 제품
봄	(나)
여름	(가)
가을	(다)
겨울	(가), (나)

※ 표 안의 숫자는 A 기업과 B 기업이 광고를 통해 얻을 수 있는 월 수익을 뜻한다.
예 A 기업이 (가) 제품의 광고를 내보내고 B 기업이 (나) 제품의 광고를 내보낼 때, A 기업은 5억의 수익을 얻고 B 기업은 4억의 손해를 본다.
※ 제품이 선호되는 시기에 광고를 할 경우 월 수익이 50% 증가하고, 월 손해는 50% 감소한다.

04 다음 중 각 제품의 광고를 내보냈을 때, A 기업과 B 기업이 얻게 되는 수익의 합이 가장 큰 것은?(단, 계절은 고려하지 않는다)

① A – (가), B – (다)
② A – (나), B – (다)
③ A – (다), B – (나)
④ A – (다), B – (다)

05 다음 중 여름에 광고를 내보낸다고 할 때, A 기업과 B 기업이 얻게 되는 수익의 합이 가장 큰 것은?

① A – (가), B – (가)
② A – (가), B – (다)
③ A – (나), B – (가)
④ A – (다), B – (가)

06 B 기업이 겨울에 어떤 제품의 광고를 내보낼지 알 수 없다고 할 때, A 기업이 겨울 예상 수익의 평균을 가장 크게 얻으려면 어떤 제품의 광고를 내보내야 하는가?

① (가)
② (나)
③ (다)
④ 알 수 없음

[07~09] 팬시 문구를 판매하는 (가) 회사는 신제품 제작을 위해 협력업체를 선정하려고 한다. 물음에 답하시오.

[제품 정보]

종류	스티커
사이즈	8cm × 12cm
수량	10,000장

[재질별 단가 및 고객 선호도]

구분	단가(원/1cm²)	고객 선호도
아트지 비코팅	1	중
아트지 코팅	1	하
모조지	2	중
투명 데드롱	3	상

[협력업체 현황]

구분	공임비(원/1,000장)	최소 제작수량(장)	제작기간(일)
A 사	2,000	2,000	5
B 사	3,000	500	5
C 사	4,000	500	4
D 사	3,000	1,000	7

07 다음 조건에 따라 재질을 결정한다고 할 때, (가) 회사가 선택할 재질로 옳은 것은?

- 제품단가가 가장 저렴한 재질을 우선으로 선택한다.
- 단가가 동일할 경우 고객 선호도가 높은 재질을 선택한다.

① 아트지 비코팅 ② 아트지 코팅
③ 모조지 ④ 투명 데드롱

08 다음 조건에 따라 협력업체를 결정한다고 할 때, (가) 회사가 선택할 협력업체로 옳은 것은?

- 샘플을 제작한 뒤 본품을 제작할 계획이므로 샘플 제작을 위해 최소 수량이 가장 적은 협력업체를 우선으로 선택한다.
- 최소 수량이 동일할 경우 제작기간이 짧은 협력업체를 선택한다.

① A 사 ② B 사
③ C 사 ④ D 사

09 위 문제들에서 선택한 재질과 협력업체로 제품을 제작한다고 할 때, 전체 수량의 제작원가는 얼마이겠는가?(단, 제작원가는 재질별 총 금액과 협력업체의 공임비를 합산한 가격이다)

① 96만 원 ② 98만 원
③ 99만 원 ④ 100만 원

10 **다음은 K 기업 김 대리와 박 사원의 통화내용이다. 둘의 대화에서 다음 주에 있을 수요공급망 회의에 가장 적합한 회의실을 보기에서 고르면?**

김 : 감사합니다. 서비스팀 김입니다.

박 : 안녕하세요, 김 대리님. 영업 1팀 박입니다. 다음 주에 있을 수요공급망 회의 때문에 연락드렸습니다. 서비스팀 참석인원은 총 몇 명인가요?

김 : 네, 안녕하세요. 이번 회의 준비를 영업 1팀에서 진행하는군요. 저희는 총 5명이고, 팀장님을 제외한 4명은 2시 이후에 참석 가능합니다.

박 : 그렇군요. 그러면 서비스팀이 5명, SCM팀이 6명, CS팀이 3명, 개발팀이 3명, 생산관리팀이 6명, 그리고 영업팀이 총 7명이니 제법 큰 회의실이 필요하겠네요.

김 : 그런데 생산관리팀은 직접 오진 못하고 화상으로 참석한다고 하지 않았나요?

박 : 아, 맞아요. 그럼 화상회의 시설을 갖춘 회의실로 알아봐야겠네요.

김 : 회의 일정은 어떻게 되죠?

박 : 오전 10시에 시작해서 11시 30분까지 회의를 한 후 나가서 식사할 예정입니다. 그리고 다시 돌아와서 2시부터 6시까지 회의가 이어질 겁니다.

김 : 점심식사 시간이 꽤 기네요?

박 : 네, 예약할 식당이 회의실에서 좀 멀어서요. 차로 이동해야 하거든요.

김 : 그럼 교통비도 생각해야겠네요. 회사에서 이번 회의 관련해서 총 50만 원까지 지원해준다고 하던데, 회의실 대관 비용은 어느 정도 생각하고 있나요?

박 : 식사비 30만 원, 교통비 8만 5천 원으로 잡고 있습니다. 그리고 아마 다과도 조금 준비해야 할 테니 그 비용을 6만 원 정도로 생각하면 회의실 대관료는 그 나머지 안에서 해결해야겠지요.

김 : 다과를 제공하는 회의실도 있는 걸로 알고 있어요. 잘 찾아보세요.

박 : 아, 한 번 알아봐야겠네요. 수요공급망 회의가 발표 없이 토론식으로 진행되는 게 맞나요?

김 : 네, 지난 상반기에도 그랬으니 아마 이번에도 같은 형식일 거예요.

박 : 네, 감사합니다.

김 : 혹시 뭐 궁금한 사항이 있으면 언제든 물어보세요.

박 : 감사합니다, 대리님.

[회의실 대관정보]

회의실	수용인원		대관요금		특징
	강의식	토론식	종일	반일 (오전/오후/야간)	
401호	30	20	45,000	35,000	화상회의 시설 (추가 시 5,000) 다과제공
402호	35	25	80,000	65,000	화상회의 시설 다과 제공
403호	40	30	70,000	50,000	화상회의 시설
404호	40	30	55,000	50,000	화상회의 시설 (추가 시 5,000)

※ 종일 : 오전 9시~오후 6시

※ 반일 : 오전(9시~12시 30분), 오후(13시~ 18시), 야간(19시~22시)

① 401호 ② 402호

③ 403호 ④ 404호

[11~12] 다음은 한 업체의 휴대폰 소비자 피해보상 규정이다. 이어지는 물음에 답하시오.

유형	기간	보상기준
액정파손	- 구입일로부터 6개월 이내 - 구입일로부터 2년 이내	- 무상수리 - 유상수리
터치불량	- 구입일로부터 1개월 이내 - 구입일로부터 1년 이내 - 부품 교환 후 재발생	- 제품 교환 또는 환불 - 무상수리 - 제품 교환 또는 환불
통화품질 이상	- 구입일로부터 1개월 이내 - 구입일로부터 1년 이내 - 부품 교환 후 발생	- 제품 교환 또는 환불 - 무상수리 - 제품 교환 또는 환불
배터리 불량	- 구입일로부터 3개월 이내	- 제품 교환
USB 접촉 불량	- 구입일로부터 6개월 이내 - 구입일로부터 2년 이내	- 제품 교환 또는 환불 - 무상 수리
구매 후 배송 전 해약	1) 업체 과실 2) 소비자 과실 - 배송 1일 전 - 배송 3일 전 - 배송 7일 전	- 10% 가산 후 환불 - 가격의 30% 공제 후 환불 - 가격의 10% 공제 후 환불 - 전액 환불 ㉵ 배송 2일 전 변심 → 30% 공제 후 환불

11 다음 중 무상수리를 받을 수 있는 경우는?

① 구입일으로부터 25개월 지난 액정이 파손된 휴대폰

② 부품 교환 후 구입일로부터 18개월 지난 터치 불량 휴대폰

③ 구입일으로부터 일주일 지난 배터리 불량 휴대폰

④ 구입일로부터 15개월 지난 USB 접촉 불량 휴대폰

12 휴대폰 소매업체를 운영하는 F는 위 회사에서 휴대폰을 아래와 같이 주문하였으나, 2월 2일에 모두 해약 처리하였다. 아래 표를 보고, F가 돌려받지 못하고 공제되는 금액으로 옳은 것은?

휴대폰 종류	가격	수량	배달 예정일	해지 사유
a	150,000원	2	2월 3일	소비자 변심
b	250,000원	3	2월 10일	소비자 변심
c	300,000원	4	2월 8일	업체 과실
d	500,000원	2	2월 6일	소비자 변심

① 3만 원　　② 5만 원

③ 7만 원　　④ 9만 원

[13~14] **다음은 한 쇼핑몰의 주차요금 및 감면에 관한 규정이다. 글을 읽고 이어지는 물음에 답하시오.**

구분	승용차(소형)	비고
일반요금	1시간 초과 시 30분당 1,500원	1시간 이내 회차 시 무료
쇼핑몰 이용고객	4시간 이내 4000원 (이후 일반요금 적용)	• 쇼핑몰 + 극장 이용고객 및 쇼핑몰 + 식당 이용고객 : 6시간 이내 3,000원 적용 • 극장 + 식당 이용고객 : 6시간 이내 5,000원 적용 • 쇼핑몰 + 극장 + 식당 이용고객 : 일일 3,000원 적용
극장 이용고객	3시간 이내 6,000원 (이후 일반요금 적용)	
식당 이용고객	3시간 이내 3,000원 (이후 일반요금 적용)	
복지 할인 (장애인 또는 유공자)	• 1~3급 : 주차요금 전액 면제 • 4~7급 : 쇼핑몰, 극장 이용 시 면제 식당 이용 시 90% 할인	장애복지카드 및 국가유공자카드 소지자
경차 할인	50% 할인	
하이브리드 차량	50% 할인	
밤샘 요금	야간(24:00~익일 09:00) 15,000원	

※ 단, 중대형 자동차의 경우 일반요금 30분 초과 시 15분당 2,000원 적용 / 30분 이내 회차 시 무료입니다.

※ 모든 할인은 중복 적용이 불가능합니다.

※ 쇼핑몰, 극장, 식당에 근무하는 직원은 주차요금이 30% 할인됩니다(업무상 주차는 무료).

※ 중복 적용의 경우, 할인율이 높은 항목으로 적용합니다.

※ 일반요금으로 전환될 경우, 전환된 시점으로부터 1시간(소형), 30분(중대형) 초과부터 요금이 부과됩니다.

13 **다음 중 옳지 않은 것은?**

① 승용차를 주차한 고객이 식당과 극장을 이용하고, 8시간 주차하였을 경우 주차 금액은 8,000원이다.
② 하이브리드 차량이 20:00부터 23:00까지 극장을 이용하고, 다음 날 09:00까지 주차하였을 경우 주차금액은 10,500원이다.
③ 극장에 근무하는 직원이 휴일에 쇼핑몰과 식당을 이용하고, 경차를 5시간 동안 주차하였을 경우 주차 금액은 2,100원이다.
④ 쇼핑몰만 이용한 대형 자동차 주차 고객이 주차장을 12:00부터 20:00까지 8시간 이용하였을 경우 주차 금액은 32,000원이다.

14 **다음 중 주차요금이 저렴한 순서로 옳은 것은?**

a. 5급 국가 유공자 카드를 소지한 중형 하이브리드 승용차 운전자가 시설을 이용하지 않고 4시간 주차하는 경우
b. 소형 승용차 운전자가 극장을 이용하고, 13:30~19:30까지 주차장을 이용한 경우
c. 중형 승용차 운전자가 쇼핑몰과 극장을 이용하고, 10:00~17:45까지 주차장을 이용한 경우

① a – b – c ② b – a – c ③ b – c – a ④ c – a – b

15 **김○○ 사원은 다른 직원들보다 부지런하고 성실하지만 산만하고 업무 집중도가 떨어져서 상사에게 종종 지적을 받는다. 상사인 탁○○ 대리가 김○○ 사원에게 시간관리와 관련하여 조언을 해주려고 할 때, 탁 대리가 할 조언으로 옳은 것은?**

① 어떤 업무가 급하게 처리해야 할 것인지 시간관리에 있어서 일의 우선순위를 정해 봐.
② 가장 먼저 들어온 업무를 제일 빠르게 해결하는 습관을 가져 봐.
③ 하나의 업무가 끝나면 바로 다음 업무를 진행해야 빠르지.
④ 자신이 하고 싶은 업무를 제일 먼저 시작하는 것이 좋아.

Chapter 05 정보능력

1. 정보능력

(1) 정의

컴퓨터를 활용하여 필요한 정보를 수집 · 분석 · 활용하는 능력이다. 정보능력은 기업에서 업무 수행 시 필요한 정보의 수집 · 분석 · 조직 · 관리 · 활용에 있어서 컴퓨터를 사용하는 컴퓨터 활용능력과 찾아낸 정보를 업무 수행에 적절하게 활용하는 정보처리능력으로 구분된다.

(2) 정보관리의 일반적 과정

정보의 기획 ➡ 정보의 수집 ➡ 정보의 관리 ➡ 정보의 활용

① 정보의 기획 : 정보의 전략적 기획은 정보활동의 첫 단계로 정보관리에서 가장 중요하며, 보통 5W2H에 의해 기획한다.

WHAT(무엇을?)	정보의 입수 대상을 명확히 한다.
WHERE(어디에서?)	정보의 소스(출처, 정보원)를 파악한다.
WHEN(언제까지?)	정보의 요구(수집) 시점을 고려한다.
WHY(왜?)	정보의 필요성, 목적을 염두에 둔다.
WHO(누가?)	정보활동의 주체를 확정한다.
HOW(어떻게?)	정보 수집의 방법을 검토한다.
HOW MUCH(얼마나?)	정보 수집의 비용(효용성)을 검토한다.

② 정보의 수집 : 다양한 정보원으로부터 목적에 적합한 정보를 입수하는 것으로, 정보 수집의 최종 목적은 '예측'을 잘하기 위한 것이다.

③ 정보의 관리 : 수집된 다양한 형태의 정보를 문제 해결이나 결론 도출에 사용하기 쉬운 형태로 바꾸는 일이다. 정보를 관리할 때에는 특히 다음을 고려하여야 한다.

※ 정보관리의 3원칙

목적성	사용 목적이 명확해야 한다.
용이성	쉽게 작업할 수 있어야 한다.
유용성	즉시 사용할 수 있어야 한다.

④ 정보의 활용 : 정보 활용에는 정보기기에 대한 이해와 최신 정보기술이 제공하는 주요 기능 · 특성에 대한 지식뿐 아니라 정보의 필요성을 인지할 수 있는 능력, 문제 해결에 필요한 정보를 찾는 능력, 찾은 정보를 적용하는 능력, 윤리의식을 가지고 합법적으로 활용할 수 있는 능력 등 다양한 능력이 수반되어야 한다.

2. 컴퓨터 활용능력

(1) 정의

컴퓨터 활용능력이란 업무와 관련된 정보를 수집 · 분석 · 조직 · 관리 · 활용하는 데 있어 컴퓨터를 사용하는 능력을 의미한다. 특히 간단한 컴퓨터 이론, 컴퓨터를 활용한 효과적인 정보 검색(인터넷), 컴퓨터 내에 저장되어 있는 소프트웨어 및 데이터베이스의 활용능력은 기업 내에서 다양한 형태의 관련 정보를 활용하는 데 매우 중요한 요소로 활용된다.

(2) 소프트웨어의 사용

직업인으로서 업무를 효과적으로 수행하기 위해서는 문제 해결을 위해 필요한 정보를 찾는 일이 매우 중요하다. 특히 인터넷을 활용하여 업무에 필요한 정보를 찾기 위해서는 몇 가지의 기본적인 지식이 필요하며, 다양한 인터넷 검색 엔진의 특징을 파악하여 효과적으로 활용할 수 있어야 한다.

(3) 데이터베이스의 활용

데이터베이스는 여러 개의 서로 연관된 파일을 의미한다. 여러 개의 파일이 서로 연관되어 있으므로 사용자는 여러 파일에 있는 정보를 한 번에 검색할 수 있다. 데이터베이스 관리 시스템은 데이터와 파일, 그들의 관계 등을 생성하고 유지하여 검색할 수 있게 하는 소프트웨어이다. 반면에 파일 관리 시스템은 한 번에 한 개의 파일만 생성 · 유지 · 검색을 할 수 있는 소프트웨어이다.

3. 정보처리능력

(1) 정의

정보처리능력이란 업무 처리와 관련하여 필요한 정보를 수집하고 분석하여 의미가 있는 정보를 찾아내고, 찾아낸 정보를 업무 수행에 적절하도록 조직 · 관리 · 활용하는 능력이다. 오늘날 정보의 형태와 양이 기하급수적으로 증가하고 있기 때문에, 문제 해결에 적합한 정보를 찾고 선택하는 능력과 찾은 정보를 문제 해결에 적용하는 능력은 업무를 수행하는 데 필수적인 요건이다.

(2) 정보 관리 및 활용의 필요성

업무를 수행하기 위해서는 많은 정보가 필요하며, 이러한 정보는 한 번 활용하고 나면 필요 없어지는 것이 아니라 같은 정보를 다시 이용해야 하는 경우가 대부분이다. 따라서 효율적인 정보 관리 방법을 숙지하여 체계적으로 관리하는 것이 중요하다.

※ 정보능력 핵심 정리

정보능력이란 업무와 관련된 정보를 수집하고 분석하여 의미 있는 정보를 찾아내는 것이다. 더 나아가 찾아낸 정보를 업무 수행에 적절하도록 조직하고 관리하며, 업무 수행에 필요한 정보를 활용하는 과정에서 컴퓨터를 사용하는 능력을 말한다.

하위능력	정의	세부요소
컴퓨터 활용능력	업무와 관련된 정보를 수집 · 분석 · 조직 · 관리 · 활용하는 데 있어 컴퓨터를 사용하는 능력	• 컴퓨터 이론 • 인터넷 사용 • 소프트웨어 사용
정보처리능력	업무와 관련된 정보를 수집 · 분석하여 의미 있는 정보를 찾아내는 동시에 찾아낸 정보를 업무 수행에 적절하도록 조직 · 관리 · 활용하는 능력	• 정보 수집 • 정보 분석 • 정보 관리 • 정보 활용

1. 컴퓨터 활용 스킬에 대한 기본적인 이해가 필요하다!

정보능력에서는 컴퓨터 활용능력과 관련된 문제가 자주 출제된다. 따라서 윈도우(OS) 기준에서 어떠한 설정을 할 수 있는지, 워드프로세서에서 어떠한 기능을 활용할 수 있는지 알고 있어야 한다. 기초적인 컴퓨터 활용 스킬에 대한 이해가 수반된다면 관련 문제를 수월하게 해결할 수 있다.

2. 문제 내 규칙 찾기의 맥락으로 접근하라!

정보능력에서는 상당한 정보가 주어지고 그 중에서 필요한 정보를 추출하여 주어진 조건에 맞춰 분석하는 문제가 출제된다. 따라서 문제 풀이에 필요한 규칙의 맥락을 파악하여 접근하는 방식으로 연습해야 한다.

STEP 01 정보능력영역 기출문제 유형분석

01 **신입사원 김○○는 윈도우 7에서 프린트를 공유하려고 했으나 실패하였다. 실패한 이유를 고르시오.**
(IBK 기업은행 기출 문항 변형)

> • 신입사원 : 대리님, 제 PC 윈도우 7에서 프린트 공유가 안 돼요. 왜 실패했는지 잠시 봐 주실 수 있을까요?
> • 대리 : 옆에서 보고 있을 테니 K 씨가 한 과정을 그대로 다시 한 번 보여주세요.
> • 신입사원 : 일단 시작메뉴로 가서 제어판을 클릭했어요.
> • 대리 : 그 다음은요?
> • 신입사원 : ㉠ 장치 및 프린터를 클릭했어요.
> • 대리 : 네네, 쭉 말씀해 보세요.
> • 신입사원 : 그러고 나서는 ㉡ 프린트 장치 관리자 페이지에서 우리 공유기 프린트(KBANK)를 클릭했어요. 그 다음에는 ㉢ 마우스 오른쪽 버튼을 활용하여 프린트 속성도 눌렀지요. KBANK 속성이라고 창이 떴고, 일반/공유/포트/고급/보안/장치설정 탭 중에서 공유를 클릭했어요. ㉣ 프린터 공유에서 v 체크했고요. 공유 이름은 KBANK에서 제 PC이름(KJK)으로 바꾸었어요.
> • 대리 : 아, 어디서부터 잘못되었는지 알겠네요. 제가 도와줄게요.

① ㉠　　② ㉡　　③ ㉢　　④ ㉣

해설 업무와 관련된 정보를 수집 · 분석 · 조직 · 관리 · 활용하는 데 있어 컴퓨터를 사용하는 능력을 알아보기 위한 문항이다. 프린터 공유에 체크한 뒤 공유 이름을 적어야 할 때는 공유 프린터기의 이름을 그대로 사용해야 한다. 임의로 프린터기의 이름을 바꾸면 연결이 되지 않는다.

정답 ④　㉣ 프린터 공유에서 v 체크했고요. 공유 이름은 KBANK에서 제 PC이름(KJK)으로 바꾸었어요.

02 다음 중 Windows 7 [폴더 옵션]에서 설정할 수 있는 작업이 아닌 것을 고르시오.

(IBK 기업은행 기출 문항 변형)

① 숨김 파일 및 폴더를 표시할 수 있다.
② 색인된 위치에서는 파일 이름뿐만 아니라 내용도 검색하도록 설정할 수 있다.
③ 숨김 파일 및 폴더의 숨김 속성을 일괄 해제할 수 있다.
④ 파일이나 폴더를 한 번 클릭해서 열 것인지, 두 번 클릭해서 열 것인지를 설정할 수 있다.

해설 [폴더 옵션]에서는 파일 및 폴더의 숨김 표시 여부를 설정할 수 있다. 하지만 속성 일괄 해제는 폴더 탭에서 직접 해야 한다.

정답 ③ 숨김 파일 및 폴더의 숨김 속성을 일괄 해제할 수 있다.

STEP 02 정보능력영역 출제예상문제

01 인터넷에서 ○○ 은행과 직무적성검사를 모두 포함하고 면접은 포함하지 않는 문서를 검색한다고 할 때, 연산기호를 올바르게 활용한 것은?

① ○○은행 * 직무적성검사 — 면접
② ○○은행 ! 직무적성검사 — 면접
③ ○○은행 ~ 직무적성검사 | 면접
④ ○○은행 | 직무적성검사 ! 면접

02 얼마 전 입사한 신입사원 A는 사내 직원 전화번호를 휴대전화에 저장하였다. 전화번호부에서 사람을 찾으려 검색하였을 때의 설명으로 옳지 않은 것은?(예를 들어, ㅇ를 누르면 심지연, 송순철 등이 나오고, 6을 누르면 612, 2761 등이 나온다)

부서명	성 명	전화번호
기획 1팀	박아름	02-651-7657
기획 2팀	윤서현	02-632-8965
마케팅 1팀	박가윤	010-3282-7954
마케팅 2팀	정병희	010-4889-9125
구매팀	윤수원	010-9146-6002
영업팀	심지연	02-671-4368
서비스팀	최지훈	02-653-5021
대외협력팀	김수현	010-5789-0616
총무팀	최효은	010-3378-7440
법무팀	송순철	02-693-5882

① 88을 누르면 2명이 나온다.
② ㅅ을 누르면 5명이 나온다.
③ ㅊ을 누르면 3명이 나온다.
④ 44를 누르면 2명이 나온다.

03 다음 중 Windows 7에 관한 설명 중 옳지 않은 것은?

① 설치된 글꼴들은 폴더에서 제거가 가능하다.

② 휴지통에 버려진 파일들은 휴지통 안에서 실행할 수 있다.

③ 한 대의 프린터로 여러 대의 PC 공유가 가능하다.

④ 파일이나 폴더에 대해서 공유 기능을 사용할 수 있다.

[04~08] 다음은 한 프린터 회사의 제품 시리얼 넘버 생성표이다. 프린터의 종류, 모델, 색상, 생산공장, 생산 넘버 순으로 각각의 코드를 연결하여 시리얼 넘버를 생성한다고 할 때 다음 질문에 답하시오.

종류		모델		색상		생산공장		생산 넘버
코드	이름	코드	이름	코드	색상명	코드	지역	
L	레이저	T1	토닉	SI	은색	010	수원	생산된 순서대로 00001~99999까지 차례로 번호가 매겨진다.
		W1	윈트밀	BK	검정색	011	구로	
		T2	트윈젯	WH	흰색	012	인천	
I	잉크젯	M1	모건	OR	주황색	013	안산	
		B1	베이커	RD	빨간색			
		E1	엑스젯	YE	노란색			
C	복합기	Z1	제트					
		E2	이지젯					
		B2	브릭스					

㉮ 수원 공장에서 첫 번째로 생산된 은색 레이저 토닉 프린터 : LT1SI01000001

04 다음 중 구로에서 생산된 노란색 레이저 트윈젯 프린터는 무엇인가?

① LT2YE01121041

② IT2YE01114321

③ LT1YE01100487

④ LT2YB01101123

05 다음 중 25,378번째로 안산에서 생산된 검정색 브릭스 복합기는 무엇인가?

① CE2BK01325378 ② CB2BK01325378
③ CB2BK01235378 ④ CB2BK01325873

06 다음 중 시리얼 넘버 LW1WH01001932에 대한 설명으로 옳지 않은 것은?

① 이 제품은 수원에 있는 공장에서 생산되었다.
② 이 제품은 레이저 프린터이다.
③ 이 제품은 1,932번째로 생산되었다.
④ 이 제품은 흰색의 토닉 모델이다.

07 다음 중 시리얼 넘버 IM1OR01274356에 대한 설명으로 옳은 것은?

① 이 제품은 레이저 프린터이다.
② 이 제품은 수원에서 생산되었다.
③ 이 제품은 주황색 프린터이다.
④ 이 제품의 모델명은 윈트밀이다.

08 다음 중 생산공장이 다른 하나는 무엇인가?

① CE2WH01301233 ② IE1SI01201321
③ CZ1BK01210131 ④ LT2RD01213010

09 Internet Explorer를 통해 어떤 인터넷 사이트에 로그인하려고 아이디를 입력했더니 비밀번호가 자동으로 완성되었다. 앞으로 이 기능을 사용하지 않도록 설정하려면 어떻게 해야 하는가?

① [도구] – [인터넷 옵션] – [일반] – 검색 기록 삭제
② [도구] – [인터넷 옵션] – [내용] – 자동 완성 [설정] – 자동 완성 기록 삭제
③ [도구] – [인터넷 옵션] – [고급] – 브라우저를 닫을 때 임시 인터넷 파일 폴더 비우기 체크 표시
④ [도구] – [인터넷 옵션] – [내용] – 자동 완성 [설정] – 양식, 양식에 사용할 사용자 이름과 암호, 암호 저장 여부 확인 체크 표시 해제

10 고급 필터에서 다음과 같은 조건을 설정하였다. 다음 중 고급 필터 실행 후 추출된 결과로 옳지 않은 것은?

	A	B	C	D
1	직위	점수	점수	
2	부장	>=75	<90	
3	대리	>75	<=89	
4				

① 직위가 대리이고 점수가 76 이상 89 이하인 경우의 자료
② 직위가 부장이고 점수가 75 이상 89 이하인 경우의 자료
③ 직위가 부장이고 점수가 75 이상 90 미만인 경우의 자료
④ 직위가 대리이고 점수가 75 이상 89 이하인 경우의 자료

11 엑셀 아래 시트에서 [C2 : C5] 영역을 선택하고 선택된 셀들의 내용을 모두 지우려고 할 경우 다음 중 결과가 다르게 나타나는 것은?

	A	B	C	D	E
1	성명	출석	과제	실기	총점
2	정지훈	20	20	55	95
3	정지민	15	10	60	85
4	박보검	20	14	50	84
5	유아인	5	11	45	61

① 마우스의 오른쪽 버튼을 눌러서 나온 바로가기 메뉴에서 [내용 지우기]를 선택한다.
② [홈] – [편집] – [지우기] 메뉴에서 [내용 지우기]를 선택한다.
③ 키보드의 <Delete> 키를 누른다.
④ 키보드의 <Back Space> 키를 누른다.

[12~15] 다음 제시된 자료를 통해 주어진 문제에 답하시오.

진공청소기가 제대로 작동하지 않을 경우 아래 사항들을 먼저 확인해 보세요. 그래도 문제가 해결되지 않을 경우에는 가까운 서비스센터에 문의하세요.

1. 동작 관련

원인	조치
적외선 발신부가 몸에 가려져 있습니다.	적외선 발신부를 몸으로 가리지 말고 사용하세요.
휴대용 리모컨의 건전지 수명이 다하면 작동하지 않습니다.	휴대용 리모컨의 건전지를 교환해주세요.
전원 플러그가 콘센트에 바르게 꽂혀 있지 않습니다.	전원 플러그를 콘센트에 정확히 꽂아주세요.

2. 흡입력 약화 관련

원인	조치
흡입구, 호스, 먼지통이 큰 이물질로 막혀 있거나 먼지통이 꽉 찼습니다.	막혀 있는 곳의 이물질을 제거해주세요.
보호 필터가 더러워졌습니다.	본체에서 먼지통을 꺼낸 후 내부의 모터 보호 필터를 청소용 솔로 청소해주세요.
배기 필터가 더러워졌습니다.	본체에서 먼지통을 꺼낸 후 배기 필터 윗단 손잡이를 잡고 들어 올려 배기 필터를 털어낸 뒤 본체에 밀어 넣은 다음 먼지통을 삽입하세요.

3. 기타 문제 관련

증상	원인	조치
사용 중에 갑자기 멈췄어요.	먼지통이 가득 찼을 때 청소기를 작동시킨 경우	제품 내부에 모터 과열 방지장치가 있어 제품이 일시적으로 멈출 수 있습니다. 막힌 곳을 손질하고 2시간 정도 기다렸다가 다시 사용하세요(단, 온도에 따라 시간이 달라질 수 있습니다).
	흡입구가 막힌 상태로 청소기를 작동시킨 경우	
	틈새용 흡입구를 장시간 작동시킨 경우	
먼지통에서 딸그락거리는 소리가 나요.	먼지통에 모래, 구슬, 돌 등의 이물질이 있는 경우	소음의 원인이 되므로 먼지통을 비워주세요.
청소기 배기구에서 냄새가 나요.	구입 후 초기 사용 3개월가량은 새 제품이므로 냄새가 발생할 수 있습니다.	먼지통을 자주 비우고 필터류를 자주 손질해주세요.
	장기간 사용 시 먼지통에 쌓인 이물질 및 필터류에 낀 먼지로 인해 냄새가 발생할 수 있습니다.	

위의 사항을 모두 확인했음에도 불구하고 고장 증상이 계속된다면 서비스센터에 고장 신고를 해주세요.

12 진공청소기 사용 중 흡입력이 약화됐다면 무엇을 먼저 확인해야 하는가?

① 청소기를 장시간 사용한 것이 아닌지 확인한다.
② 먼지통이 꽉 찼는지 확인한다.
③ 손잡이 리모컨의 건전지를 확인한다.
④ 전원 플러그가 제대로 꽂혀 있는지 확인한다.

13 휴대용 리모컨의 건전지 수명이 다했을 때는 어떤 조치를 취해야 하는가?

① 건전지를 교체한다.
② 전원 플러그를 콘센트에 제대로 꽂는다.
③ 건전지 정품 여부를 확인한다.
④ 리모컨을 교체한다.

14 진공청소기 사용 중 작동이 멈췄을 때의 원인과 관련 없는 것은?

① 먼지통에 먼지가 가득 찼을 경우
② 전원 플러그가 뽑혔을 경우
③ 흡입구가 막혔을 경우
④ 구입한 지 얼마 안 됐을 경우

15 배기 필터가 더러워졌을 때 가장 먼저 해야 할 일은?

① 호스 입구의 먼지를 제거한다.
② 본체를 물로 닦는다.
③ 보호 필터를 청소용 솔로 청소한다.
④ 본체에서 먼지통을 꺼낸 후 배기 필터를 꺼낸다.

Chapter 06 조직이해능력

1. 조직이해능력

(1) 정의

조직이해능력이란 일상적인 직장생활에 요구되는 조직의 체제와 경영 및 국제감각을 이해하는 능력을 의미한다. 이러한 조직이해능력은 조직의 경영목표, 경영방법을 이해하는 경영이해능력과 조직의 구조와 목적 · 규칙 · 규정 등을 이해하는 체제이해능력, 업무의 성격과 내용을 알고 필요한 지식 · 기술 · 행동을 확인하는 업무이해능력, 다른 나라의 문화를 이해하고 국제적인 동향을 이해하는 국제감각으로 구성되어 있다.

(2) 조직의 유형

① 영리성에 따른 분류

– 영리 조직 : 일반 사기업과 같은 이윤을 목적으로 하는 조직

– 비영리 조직 : 정부 조직, 병원, 대학, 시민단체 등 공익을 추구하는 조직

② 조직의 규모에 따른 분류

– 중 · 소규모 조직 : 중소기업 및 가족 소유의 상점 등

– 대규모 조직 : 대기업 집단

※ 현대자동차, 3M, SONY, 맥도날드, 삼성전자, LG전자, 포스코, 구글 등 둘 이상의 국가에서 법인을 등록하여 활동하고 있는 '다국적 기업'도 최근 국가 간 교역 및 경제활동의 증가 등으로 늘어나고 있는 추세이다.

③ 공식화 정도에 따른 분류

– 공식 조직 : 조직의 규모와 기능, 규정 등이 짜여진 조직

– 비공식 조직 : 인간관계에 따라 형성된 자발적 조직

2. 경영이해능력

(1) 정의

경영이해능력이란 자신이 속한 조직의 경영목표와 경영방법을 이해하는 능력이다. 직업인은 경영자가 수행하는 전략을 이해할 필요가 있으므로 경영이해능력의 함양이 요구된다.

(2) 경영의 구성요소

① 경영목적 : 조직의 목적을 어떤 과정과 방법으로 수행할지 구체적으로 제시한다.

② 인적자원 : 조직에서 일하고 있는 구성원들로, 이들이 어떠한 역량을 가지고 어떻게 직무를 수행하는지에 따라 경영성과가 달라진다.

③ 경영자금 : 경영활동에 사용할 수 있는 금전을 의미하며, 이윤 추구가 목적인 사기업에서 자금은 새로운 이윤을 창출하는 기초가 된다.

④ 경영전략 : 조직이 어떻게 자원을 운영하여 무엇을 해야 하고, 어떤 것을 달성해야 하는지를 제시한다. 즉, 기업 내 모든 인적 · 물적자원을 어떻게 조직화하고 경쟁 우위를 달성할지에 대한 일련의 방침 및 활동이라 할 수 있다.

(3) 경영의 계획, 실행, 평가

경영 계획	▶	경영 실행	▶	경영 평가
• 미래상 설정 • 대안분석 • 실행방안 선정		• 조직목적 달성 • 조직구성원 관리		• 수행결과 감독 • 피드백 / 교정

(4) 경영전략의 추진이행 과정

전략목표 설정	▶	환경분석	▶	경영전략 도출	▶	경영전략 실행	▶	평가 및 피드백
• 미션 설정 • 비전 설정		• 내부환경 분석 • 외부환경 분석 (SWOT 분석)		• 조직전략 • 사업전략 • 부문전략		• 경영목적 달성		• 경영전략 결과 평가 • 전략목표 및 전략 재조정

(5) 마이클 포터의 경영전략

① 원가우위 전략 : 원가절감을 통하여 해당 산업에서 우위를 점하는 전략이다. 대량생산으로 원가를 낮추거나 새로운 생산기술을 개발하는 방법 등이 있다. 1970년대 우리나라의 신발, 섬유, 가발 업체 등이 외국 시장에 진출했을 때 취했던 전략이다.

② 차별화 전략 : 서비스 및 생산된 제품을 차별화하여 고객에게 독특한 가치로 인식될 수 있도록 하는 전략이다. 연구개발, 광고, 기술, 품질, 이미지, 서비스 등을 개선하는 활동이 모두 이에 포함된다.

③ 집중화 전략 : 경쟁업체나 조직 등이 소홀히 하고 있는 한정된 시장을 목표로 잡아 집중 공략하는 전략이다. 원가우위나 차별화는 산업 전체를 대상으로 하는 반면, 집중화는 특정 산업을 대상으로 한다는 점이 특징이다.

3. 조직체제 이해능력

(1) 정의

조직체제 이해능력이란 조직의 구조와 목적, 체제의 구성요소 · 규칙 · 규정 등을 이해하는 능력으로, 조직체제 요소들의 작용원리를 이해하고 개선하기 위해 필요한 능력이다.

(2) 조직목표의 기능과 특징

① 조직목표의 기능

- 조직이 존재하는 정당성과 합법성 부여
- 조직이 나아갈 방향 제시
- 조직 구성원 의사결정의 기준
- 조직 구성원 행동 수행의 동기 부여
- 수행평가의 기준 제시
- 조직설계의 기준 제시

② 조직목표의 특징

- 공식적 목표와 실제적 목표 간 차이 존재
- 다수의 조직목표 추구 가능
- 조직목표 간 위계적 관계 존재

- 가변적 속성 내재
- 조직의 구성요소와 상호관계 존재

(3) 조직문화의 기능과 구성요소

① 조직문화의 기능

- 조직 구성원에게 일체감 및 정체성 부여
- 조직 구성원의 몰입도 향상
- 조직 구성원의 사회화 도모 및 일탈행동 통제
- 조직의 안정성 유지

② 조직문화의 구성요소 : 피터와 워터맨의 7-S 모형

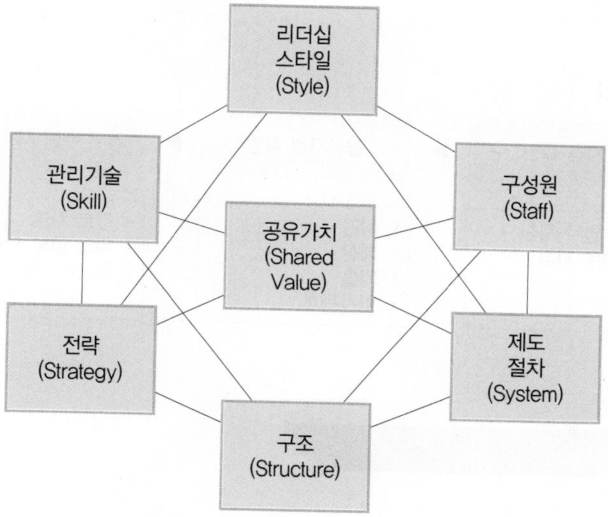

4. 업무이해능력

(1) 정의

업무이해능력이란 직업인이 자신에게 주어진 업무의 성격과 내용을 알고 그에 필요한 지식 · 기술 · 행동을 확인하는 능력으로 업무를 효과적으로 수행하는 기초가 된다.

(2) 업무의 특성

① 조직의 공통된 목적을 지향

② 다양한 지식, 기술, 도구의 필요성

③ 타 업무와의 독립성과 연계성

④ 업무 수행에 있어서의 자율성

(3) 업무 수행의 절차

업무지침 확인	▶ 활용자원 확인	▶ 업무 수행 시트 작성
• 조직의 업무 지침 • 나의 업무 지침	• 시간 • 예산 • 기술 • 인간관계	• 간트 차트 • 워크 플로 시트 • 체크리스트

5. 국제감각

(1) 정의

국제감각이란 직장생활을 하는 동안 다른 나라의 문화를 이해하고 국제적인 동향을 이해하는 능력이며, 세계화시대에 능력 있는 직업인이 되기 위해 꼭 필요한 능력이다.

(2) 국제동향 파악 방법

① 관련 분야 해외 인터넷 사이트를 방문하여 최신 이슈를 확인한다.

② 매일 신문의 국제면을 읽는다.

③ 업무와 관련된 해외 잡지를 정기 구독한다.

④ 노동부, 한국산업인력공단, 산업자원부, 중소기업청, 상공회의소 등의 관련 사이트를 방문해 국제동향을 확인한다.

⑤ 관련 국제학술대회에 참석한다.

⑥ 업무와 관련된 주요 용어를 외국어로 알아둔다.

⑦ 해외 서점 사이트를 방문해 최신 서적 목록과 주요 내용을 파악한다.

⑧ 외국인 친구를 사귀고 대화를 자주 나눈다.

(3) 주요 국제 매너 숙지

직업인은 자국 문화 중심적으로 행동하지 않고, 다른 나라의 문화와 관습을 존중해주어야 한다. 예컨대 국제적으로 인사를 할 때에는 국가에 따라 인사법이 다르므로 알아두는 것이 좋다.

① 미국은 악수할 때 손끝만 잡으면 예의에 어긋나는 행동으로 간주한다. 영미권에서 악수할 때는 일어서서 상대방의 눈이나 얼굴을 보며 오른손으로 상대방의 오른손을 잠시 힘주어서 잡았다가 놓아야 한다. 또한 이름이나 호칭을 어떻게 부를지 먼저 물어보는 것이 예의이며, 상대방의 개인 공간(Personal Space)을 지켜줘야 한다.

② 아프리카는 상대방과 시선을 마주보며 대화하면 실례이므로 코끝 정도를 보면서 대화한다.

③ 러시아와 라틴아메리카에서는 포옹을 주로 하는데, 친밀함의 표현이므로 이를 이해하고 자연스럽게 받아주는 것이 좋다.

④ 영미권의 명함은 사교용과 업무용으로 나누어지며, 업무용 명함에는 성명 · 직장 주소 · 직위가 표시되어 있다. 업무용 명함은 악수를 한 이후 교환하며, 아랫사람이나 손님이 먼저 꺼내 오른손으로 상대방에게 주고, 받는 사람은 두 손으로 받는 것이 예의이다. 그리고 받은 명함은 한 번 보고 나서 탁자 위에 보이게 놓은 채로 대화를 하거나, 명함지갑에 넣는다. 명함을 꾸기거나 계속 만지는 행동은 예의에 어긋난다.

⑤ 미국은 시간 엄수를 매우 중요하게 여기며, 라틴아메리카 · 동부 유럽 · 아랍 지역은 시간 약속을 형식적으로 생각하여 상대방이 기다려주리라고 생각하는 경향이 있다.

⑥ 식사예절

- 수프는 소리 내어 먹지 않고, 포크와 나이프는 몸의 바깥쪽에 있는 것부터 사용한다.
- 빵은 수프를 먹고 난 후부터 먹고, 디저트 직전부터 식사가 끝날 때까지 먹을 수 있다.
- 빵은 손으로 떼어 먹고, 생선요리는 뒤집어 먹지 않으며, 스테이크는 잘라 가며 먹는 것이 좋다.

※ 조직이해능력 핵심 정리

조직이해능력이란 업무를 원활하게 수행하기 위해 국제적인 추세를 포함하여 조직의 체제와 경영에 대해 이해하는 능력을 말한다.

하위능력	정의	세부요소
경영이해능력	사업이나 조직의 경영에 대해 이해하는 능력	• 조직의 방향성 예측 • 경영조정(조직의 방향성을 바로잡기 위해 필요한 행동 수행) • 생산성 향상 도모
조직체제 이해능력	업무 수행과 관련하여 조직의 체제를 올바르게 이해하는 능력	• 조직의 구조 이해 • 조직의 규칙과 절차 파악 • 조직 간의 관계 이해
업무이해능력	조직의 업무를 이해하는 능력	• 업무의 우선순위 파악 • 업무활동 조직 및 계획 • 업무 수행의 결과 평가
국제감각	주어진 업무에 관한 국제적인 추세를 이해하는 능력	• 국제적인 동향 이해 • 국제적인 시각으로 업무 추진 • 국제적 상황 변화에 대처

1. 문제 속에 정답이 숨어 있다!

경력이 없는 경우 조직에 대한 이해가 낮을 수밖에 없다. 그러므로 문제 자체는 실무적 내용을 담고 있을지라도, 문제 속에서 풀이의 힌트를 준다. 잘 모르는 내용이더라도 문제를 꼼꼼하게 읽다 보면 정답을 어렵지 않게 맞출 수 있다.

2. 지원 기업의 조직도를 확인하고 활용하라!

대부분의 기업들은 홈페이지를 통해 회사의 상세 조직도 및 업무 내용을 소개하고 있다. 따라서 지원하고자 하는 기업의 홈페이지를 포함한 다양한 기업의 홈페이지를 방문하여 조직도의 구조와 그 업무 내용을 미리 익혀두도록 한다. 그러면 실제 지원 기업들의 조직 및 업무 내용을 기반으로 한 문제가 출제되었을 때 큰 도움을 받을 수 있다.

STEP 01 조직이해능력영역 기출문제 유형분석

01 교육팀 한○○ 과장은 신입행원을 위한 은행 기본업무 매뉴얼 강의를 준비하고 있다. 은행의 기본업무와 그에 해당하는 역할에 대한 강의를 들은 신입행원들의 반응 중 잘못 말한 사람을 고르시오.

(IBK 기업은행 기출 문항 변형)

기업금융	• 기업고객에 대한 융자상담 및 여신취급에 필요한 신용조사, 여신심사, 품의서 작성, 담보권 설정 • 기업고객의 외환 취급에 필요한 상담, 심사 및 의사결정 • 기업고객의 관련 각종 제도의 기획, 여신한도, 연체관리 • 여신 업무계획 및 규정, 제도 등의 수립과 추진
개인금융	• 수시 입출금예금, 정기 예적금, 자동화기기, 어음교환, 방카슈랑스 업무 • 카드 및 가계대출 업무 • 창구거래와 상품 마케팅 활동
카드사업	• 카드 사업 계획의 수립과 추진 • 카드 신용관리, 마케팅 및 관리
자금신탁, 운용	• 자금관리, 자금결제 지원 • 자금운용, 신탁관리, 투자운용
리스크 관리	• 은행 차원의 신용 리스크 관리 및 건전성 관리를 위한 리스크 관리 기획, 자산 건전성 분류 및 대손충당금 적립, 신용위험비용 및 사후정산, BIS 비율 관리
IT	• 정보전략 기획, 정보자원 기획, 시스템 운영 • 고객에 대한 서비스 향상, 영업점 개선 및 지원

① IT 인력은 전공자를 전문인력으로 따로 채용하니까 IT 관련 필기시험을 따로 실시한다고 하던데?

② PB 업무는 개인금융 업무 안에서 자산관리를 해주는 특정 업무를 말하는데, 요즘은 PB 센터를 따로 운영하는 곳도 있어.

③ 개인금융 업무를 맡더라도 대출업무, 카드업무 등에 대해서 숙지하고 있어야 하니까 모든 업무에 대한 학습이 필요할 것 같아.

④ 기업금융을 담당하고 싶어서 그쪽으로 준비해 왔으니까 앞으로도 기업금융 전문가가 되기 위해 그 분야 전문지식에 대해 공부해야겠어.

해설 조직에서 부여받은 업무의 속성과 특징을 이해하고, 요구에 따라 문제를 적절히 해결할 수 있는지를 보기 위한 문항이다. 조직에서 자신에게 주어진 일을 성공적으로 수행하기 위해서는 조직이 돌아가는 기본적인 원리를 알아야 한다. 따라서 국제적인 동향을 포함하여 조직의 체제와 경영에 대해 이해하는 조직이해능력을 길러야 한다. 또한 직장에서는 업무의 순환이 있을 수 있으므로 다른 업무에 대한 이해가 필요하며, 개인의 업무지침과 함께 조직의 업무지침도 모두 숙지하고 있어야 한다.

정답 ④ 기업금융을 담당하고 싶어서 그쪽으로 준비해 왔으니까 앞으로도 기업금융 전문가가 되기 위해 그 분야 전문지식에 대해 공부해야겠어.

02 직장 동료와 휴가 계획에 대한 이야기를 하였다. 국제 문화에 대해 잘못된 내용을 말한 사람은?

(IBK 기업은행 기출 문항 변형)

> (2017년 6월 8일 점심식사 시간에 이루어진 대화이다)
> 지민 : 오늘 뉴스 보니까 엔화가 계속 하락하고 있더라.
> 향선 : 환율이 많이 떨어져서 일본으로 휴가 가기에는 정말 좋겠다.
> 정미 : 요즘 100엔에 900원 정도밖에 안 하지?
> 지한 : 나는 여름휴가로 미국에 가려고 했는데 전자여권으로 ESTA를 신청해야 한대.
> 대성 : 아니야! 미국은 무조건 비자를 받아서 가야 하지 않아?

① 철수
② 향선
③ 지한
④ 대성

해설 최근 미국정부가 전자여행허가제(ESTA)를 시행하면서, 대한민국 국민으로서 관광 및 상용 목적으로 90일 이내 기간 동안 미국을 방문하고자 하는 경우 2008년 11월 17일부터 원칙적으로 비자 없이 입국이 가능하지만, 미국정부의 전자여행허가제에 따라 승인을 받아야만 한다.

정답 ④ 대성

STEP 02 조직이해능력영역 출제예상문제

01 해외 바이어들을 만날 때, 그 나라 사람들의 인사 유형을 파악하는 것은 중요한 이점이 된다. 다음 중 각 나라의 국제 매너로 옳은 것은?

① 미국인들과 명함을 교환할 때는 잃어버릴 것을 대비해서 2장씩 주고 받는다.
② 유럽 사람들과 악수를 할 때는 특별한 일이 없다면 왼손으로 하는 것이 관례이다.
③ 이라크 사람들은 약속시간에 대해 민감하며, 늦으면 기다리지 않는다.
④ 미국인들과 악수를 할 때는 오른손을 잠시 힘주어서 잡아야 한다.

02 (가)는 정책금리가 거의 0에 다다른 초저금리 상태에서 중앙은행이 경기부양 목적으로 시장에 돈을 푸는 정책을 말한다. (가)를 실시하면 자국의 통화가치가 떨어져 수출 경쟁력을 높일 수 있으며, 자국뿐만 아니라 다른 나라 경제에 영향을 미치기도 한다. (가)에 들어갈 말로 옳은 것은?

① 출구전략
② 테이퍼링
③ 양적완화
④ 오퍼레이션 트위스트

03 6개월 인턴기간을 종료한 뒤, 정규직 전환 면접을 보게 되었다. 면접관이 "인턴 기간에 우리 회사에 대해 알게 된 것은 무엇인가?"라고 질문했다면, 대답할 내용으로 가장 적절하지 않은 것은?

① 회사의 전망
② 회사의 조직도
③ 사무실의 구조
④ 주요 업무 내용

04 **대학생 K의 일과를 통해 알 수 있는 사실로 옳지 않은 것은?**

> ○○년 ○○월 ○○일 (화)
> 오늘의 할 일!
> • 11am ~ 4pm 전공수업 : 계산기 챙길 것
> • 아르바이트 : ○○ 프렌차이즈 카페 – 3시간
> • 영어 스터디 : 4명, 강의실 대여함 – 2시간
> • 봉사활동 : 전국적으로 운영되는 환경보호단체 – 1시간

① 비공식적이며 소규모 조직에서 2시간 동안 있었다.
② 하루 중 공식 조직에서 7시간 동안 있었다.
③ 비영리 조직이며 대규모 조직에서 6시간 동안 있었다.
④ 영리 조직에서 3시간 동안 있었다.

05 **경영의 4요소란 경영목적, 전략, 인적자원, 자본을 말한다. 다음 보기에서 4요소와 그에 따른 설명을 바르게 연결한 것은?**

> (ㄱ) 조직의 목적을 달성하기 위해 경영자가 수립하는 것으로, 더 구체적인 과정과 방법을 제시한다.
> (ㄴ) 조직에서 일하는 구성원으로, 경영은 이들의 직무 수행에 기초하여 이루어지기 때문에 배치 및 활용이 중요하다.
> (ㄷ) 생산자가 상품 또는 서비스를 소비자에게 유통하는 데 관련된 모든 체계적 경영활동이다.
> (ㄹ) 특정의 경제적 실체에 관하여 이해관계를 맺고 있는 사람들에게 합리적인 경제적 의사결정을 하는 데 유용한 재무적 정보를 제공하기 위한 일련의 과정 또는 체계를 뜻한다.
> (ㅁ) 경영을 하는 데 사용할 수 있는 돈으로, 확보되는 정도에 따라 경영의 방향과 범위가 결정된다.
> (ㅂ) 조직이 변화하는 환경에 적응하기 위하여 경영활동을 체계화하는 것으로, 목표 달성을 위한 수단이다.

	경영목적	전략	인적자원	자본
①	(ㄱ)	(ㄷ)	(ㄴ)	(ㄹ)
②	(ㄱ)	(ㅂ)	(ㄴ)	(ㅁ)
③	(ㄱ)	(ㄴ)	(ㅁ)	(ㅂ)
④	(ㄴ)	(ㄷ)	(ㄹ)	(ㅂ)

06 ○○ 회사 인사팀 팀장 K는 신입사원 공채의 면접관으로 참가하게 되었다. ○○ 회사는 무엇보다도 조직 내 팀워크를 중요하게 생각하고, K는 이 점을 우선순위에 두고 면접에 임해야 한다. 다음 중 면접 발언을 보고 채용하기에 가장 적절한 지원자는 누구인가?

① A 지원자 : 무조건 배우겠다는 마음가짐으로 임하겠습니다.
② B 지원자 : 제 꿈을 펼칠 수 있는 기회의 장으로 만들고 싶습니다.
③ C 지원자 : 야유회나 체육대회, 등산 등 어떤 활동이라도 참여하겠습니다.
④ D 지원자 : 제 자신뿐만 아니라 팀 모두가 발전할 수 있는 환경을 만들고 싶습니다.

07 다음은 회사 내 조직과 그 조직의 업무에 대한 설명이다. 가장 적절하지 않은 것은?

① 인사부 – 조직기구의 개편 및 조정, 업무분장 및 조정, 인력수급 계획 및 관리, 직무 및 정원의 조정 · 종합, 노사관리 등
② 기획부 – 경영계획 및 전략 수립, 전사기획 업무 종합 및 조정, 중 · 장기 사업계획의 종합 및 조정 등
③ 총무부 – 교육체계 수립 및 관리, 임금제도, 복리후생제도 및 지원업무, 복무관리, 퇴직관리 등
④ 회계부 – 재무상태 및 경영실적 보고, 결산 관련 업무, 재무제표 분석 및 보고 등

08 사회과학 이론 중 '승진을 하면 할수록 그 직책과 맞지 않아서 무능력하게 되는 현상'을 무엇이라고 하는가?

① 머피의 법칙 ② 샐리의 법칙 ③ 피터의 원리 ④ 무어의 법칙

09 다음 글은 경제용어인 롱테일(Long Tail)의 법칙을 설명한 것이다. 이 법칙에 부합하는 사례로 알맞은 것은?

> 파레토의 법칙은 100명 중 20명이 높은 충성도를 가졌고 꾸준히 상품을 구매한다면 80%의 수입이 보장된다는 것으로, 그간 진리로 여겨졌다. 그런데 최근 롱테일(Long Tail) 법칙이라는 새로운 개념이 주목을 받고 있다. 이 법칙은 충성도가 높지 않은 80명이 다른 20명보다 더 많은 수익을 낸다는 법칙이다. 즉, '티끌 모아 태산'이 가능하다는 것이다.

① A 기업은 VIP 전용 혜택을 확대하였다.
② B 공장은 단위당 생산비를 낮추기 위해서 생산량을 늘렸다.

③ C 서점은 많이 팔리지 않는 책이라도 꾸준히 진열했다.
④ D 극장은 주말 영화 편성을 흥행작 위주로 편성하였다.

10 다음 내용과 가장 어울리는 훈련방식은?

영업팀 K 과장은 훈련 참가자들에게 자신의 책상에 데리고 가서 책상 위에 놓여 있는 영업 관련 서류를 읽게 하고, 보고나 전화 등 실제 업무에 관한 정보를 파악하게 했다. 그들에게 정해진 시간 안에 결재나 보고 같은 처리업무에 대해 순서를 정하게 한 다음, 참가자들과 함께 결정에 대한 피드백을 해주었다.

① 인 바스켓 훈련(In-basket Training)
② 비즈니스 게임(Business Game)
③ 역할 연기법(Role Playing)
④ 행동 모델법(Behavoir Modelling)

11 신입사원 K는 ○○ 중소기업의 영업팀에 채용되어 10일 간의 신입사원 교육을 받았고, 본격적인 업무에 대해 교육을 받게 되었다. 영업팀 팀장은 K에게 "작성한 인사기록카드를 관련 부서에 제출하고, 영업팀 비품 신청 처리문제가 어떻게 진행되고 있는지 확인해주세요"라고 지시했다. 팀장의 지시를 처리하려고 할 때, K가 취해야 할 행동으로 가장 적절한 것은?

① 기획팀에 가서 인사기록카드를 제출하고, 회계팀에 가서 비품 신청 상황을 묻는다.
② 인사팀에 가서 인사기록카드를 제출하고, 비서실에 가서 비품 신청 상황을 묻는다.
③ 법무팀에 가서 인사기록카드를 제출하고, 법무팀에 가서 비품 신청 상황을 묻는다.
④ 인사팀에 가서 인사기록카드를 제출하고, 회계팀에 가서 비품 신청 상황을 묻는다.

12 ○○ 회사는 장기간 실적부진 때문에 골머리를 앓고 있다. 실적부진에서 벗어나기 위하여 현재 회사의 문제점과 그 해결방안을 모색해 보기로 하였다. 문제점과 해결방안을 말한 것으로 가장 적절하지 <u>않은</u> 것은?

① A : 업무 만족도나 의욕 등을 고취해야 할 필요성이 있습니다. 점점 낮아지고 있다고 생각해요. 성과에 대해서 회사가 합당한 보상을 해준다면 직원들도 의욕이나 만족도가 커질 것입니다.
② B : 업무가 좀 더 명확하게 나뉘어졌으면 합니다. 지금은 업무가 너무 유기적이에요. 다른 팀이나 직원의 도움을 받기보다는 담당한 사원이 처음부터 끝까지 혼자서 전문적으로 모든 과정을 책임지는 거죠.
③ C : 각 부서마다 목표가 너무 다릅니다. 월례회의를 통해 같은 목표를 설정한 뒤, 다같이 그 목표

를 위해 힘을 모으는 것이 어떨까 싶네요.

④ D : 자신이 소속된 부서를 제외하고 다른 부서들은 관심이 없다는 것도 문제입니다. 각 부서들끼리 회의나 소통하는 자리를 통해 다른 부서를 파악하고, 협력을 이끌어내는 것이 중요합니다.

13 **다음 중 조직문화의 주된 역할이 아닌 것은?**

① 조직의 방향을 결정하고 존속시킨다.
② 조직 몰입도를 향상시킨다.
③ 조직의 안정성을 유지한다.
④ 구성원의 개성 발현에 중점을 둔다.

14 **G7은 1975년 석유파동 이후 무너진 세계경제의 회복방안을 모색하고자 시작된 회담이다. 다음 중 G7에 속하는 국가가 아닌 것은?**

① 이탈리아
② 프랑스
③ 러시아
④ 일본

15 **다음에서 설명하는 (가)에 들어갈 용어로 가장 적절한 것은?**

> 중고등학교 전문 취업교육기업인 ㈜ K 에듀는 외국의 취업 시스템을 연구하기 위해 K 대학교 K 박사를 팀장으로 한 (가)을/를 구성하고, 1년 간 연구 끝에 우리나라 실정에 맞는 취업 시스템을 개발하였다. K 박사의 주도로 ㈜ K 에듀의 교육 2팀 소속 Y 사원은 해당 부서를 완전히 벗어나 1년 동안 연구에 매진하였다. 그리고 연구가 끝난 후 다시 교육 2팀으로 돌아가서 본 업무를 수행하고 있다.

① 네트워크(Network)
② 위원회(Committee)
③ 태스크포스(Task Force)
④ 뷰로크래시(Bureaucracy)

IBK 기업은행 NCS 직업기초능력평가 직무수행능력평가

Industrial Bank of Korea

PART 4

NCS 직무적성검사 (직업기초능력평가) 실전모의고사

총 문항 : 70문항

- 의사소통능력
- 수리능력
- 문제해결능력
- 자원관리능력
- 정보능력
- 조직이해능력

I
B
K

Industrial Bank of Korea

실전모의고사

01 **김○○ 사원은 퇴근을 한 뒤 자신의 메일에서 중요한 내용이 빠졌다는 것을 뒤늦게 깨닫고 다시 메일을 보냈다. 빈칸에 채워질 내용으로 가장 적절한 것은?**

> 박○○ 팀장님께
>
> 박○○ 팀장님, 안녕하세요. 김○○ 사원입니다.
>
> 오늘 아침 신문에서 '알코올 분해를 돕는 슈퍼푸드, 홍삼'이라는 기사를 보다가 신제품 아이디어가 떠올라서 메일을 보냅니다.
>
> 알코올 분해를 돕는 슈퍼푸드 중 하나는 바로 홍삼입니다. 우리 회사 제품을 포함한 대부분의 홍삼 음료는 홍삼을 물에 달이는 방식으로 홍삼 성분을 추출하고 있습니다. 이 경우 물에 녹는 수용성 성분만 섭취하게 됩니다. 그런데 만약 통째로 홍삼을 갈아먹는다면 홍삼 영양분의 95% 이상을 섭취할 수 있다고 합니다. 여태껏 물에 녹지 않는 절반 이상의 불용성 영양분이 홍삼 찌꺼기와 함께 버려지고 있었던 것입니다.
>
> 그래서 저희 ○○ 음료 상반기 신제품으로 ________ 를 개발하면 어떨까 합니다. 팀장님께서 허락하신다면 이번 주 내로 기획서를 만들어서 제출하도록 하겠습니다.
>
> 감사합니다.
>
> 김○○ 사원 드림

① 홍삼을 통째로 갈아 넣어 만든 홍삼 음료
② 지용성 성분을 보완할 수 있는 재료와 함께 우려낸 홍삼 음료
③ 홍삼의 찌꺼기 성분도 함께 우려낸 홍삼 음료
④ 세계 10대 슈퍼푸드인 토마토와 홍삼을 함께 갈아 만든 음료

02 아래 글의 표제와 부제로 가장 적절한 것은?

> 검무는 칼을 들고 춘다고 해서 '칼춤'이라고 부르기도 하고, '황창랑무(黃倡郎舞)'라고도 한다. 검무의 역사적 기록은 '동경잡기'의 '풍속조(風俗條)'에 나타난다. 신라의 소년 황창랑은 나라를 위하여 백제 왕궁에 들어가 왕 앞에서 칼춤을 추다 왕을 죽이고 자신도 잡혀서 죽는다. 신라 사람들이 이러한 그의 충절을 추모하여 그의 모습을 본뜬 가면을 만들어 쓰고, 그가 추던 춤을 따라 춘 것에서 검무가 시작되었다고 한다. 이처럼 민간에서 시작된 검무는 고려시대를 거쳐 조선시대로 이어지며, 궁중으로까지 전해진다. 이때 가면이 사라지는 형식적 변화가 함께 일어났다.
>
> 조선시대 민간의 검무는 기생을 중심으로 전승되었으며, 재인들과 광대들의 판놀이로까지 이어졌다. 조선 후기에는 각 지방까지 전파되었는데, 진주검무와 통영검무가 그 대표적인 예이다. 한편 궁중의 검무는 주로 궁중의 연희 행사 때에 추는 춤으로 전해졌으며, 후기에 정착된 순조 때의 형식이 주요무형문화재로 지정되어 현재까지 보존되고 있다.
>
> 궁중에서 추던 검무의 구성은 다음과 같다. 전립을 쓰고 전복을 입은 4명의 무희가 쌍을 이루어 바닥에 놓인 단검(短劍)을 어르는 동작부터 시작한다. 그 후 칼을 주우면서 춤이 이어지고, 화려한 춤사위로 검을 빠르게 돌리는 연풍대(筵風擡)로 마무리한다.
>
> 검무의 절정인 연풍대는 조선시대 풍속화가 신윤복의 '쌍검대무(雙劍對舞)'에서 잘 드러난다. 그림 속의 두 무용수를 통해 춤의 회전 동작을 예상할 수 있다. 즉, 이 장면에는 오른쪽에 선 무희의 자세에서 시작해 왼쪽 무희의 자세로 회전하는 동작이 나타나 있다. 이렇게 무희들이 쌍을 이루어 좌우로 이동하면서 원을 그리며 팽이처럼 빙빙 도는 동작을 연풍대라 한다. 이 명칭은 대자리를 걷어내는 바람처럼 날렵하게 움직이는 모습에서 비롯한 것이다.
>
> 오늘날의 검무는 검술의 정밀한 무예 동작보다 부드러운 곡선을 그리는 춤 형태로만 남아 있다. 칼을 쓰는 살벌함은 사라졌지만, 민첩하면서도 유연한 동작으로 그 아름다움을 표출하고 있는 것이다. 검무는 신라시대부터 면면히 이어지는 고유한 문화이자 예술미가 살아있는 몇 안 되는 소중한 우리의 전통 유산이다.

① 신라 화랑인 황창랑의 의기와 춤 – 검무의 유래와 발생을 중심으로
② 역사 속에 흐르는 검빛과 춤빛 – 검무의 변천과 구성을 중심으로
③ 무술 동작과 아름다움의 조화 – 연풍대의 의미를 중심으로
④ 춤추는 무희의 칼끝에서 펼쳐지는 바람 – 검무의 예술적 가치를 중심으로

03 혜자가 장자를 비판할 말로 가장 적절한 것은?

우리의 일상사에 '대기만성(大器晩成)'이라는 말도 있지만 '될성부른 나무는 떡잎부터 알아본다'는 말도 있고, '돌다리도 두드려 보고 건너라'는 말과 함께 '쇠뿔도 단김에 빼라'는 말도 있다. 또한 '신은 우주를 가지고 주사위 놀이를 할 뿐이다'라고 우연을 강조하는 양자역학자들의 비결정론적 입장도 있다. 이처럼 인간사 자체가 양면적 요소를 갖고 있으므로 사물이나 대상을 판단하는 데 우리는 신중한 자세를 가질 필요가 있다.

인간이 삶을 영위하는 가운데 갖게 되는 가치관의 형태는 무수히 많다. 이러한 가치관은 인간의 삶을 인간답게 함에 있어서 미적 판단, 지적 판단, 기능적 판단 등의 기능을 하게 된다. 우리는 판단을 할 때 하나의 시점에서 판단을 고정하는 속성이 있다. 그런데 바로 이런 속성으로 인하여 우리가 우(愚)를 범하는 것은 아닐까?

장자가 명가(名價, 논리학의 발달에 많은 영향을 끼친 제자백가의 하나)로 분류되는 친구 혜자와 한참 이야기를 하고 있는데, 혜자가 장자에게 "자네의 말은 다 쓸데없는 말이야"라면서 반박하였다. 이에 장자는 그에게 "자네가 쓸데없음을 알기에 내 얘기는 '쓸 데 있는' 것이네. 예를 들어 이 대지 위에 자네가 서 있는 자리, 즉 설 수 있는 곳은 겨우 발바닥 밑부분뿐이지. 그렇다고 나머지는 필요 없는 것이라 하여 발바닥 이외의 땅을 다 파버리면 자네가 선 땅덩어리는 존재 가치가 있다고 여기는가?"라고 말하였다. 자신이 서 있는 자리의 땅을 제외하고 모두 파내면, 오도가도 못함은 물론이려니와 땅이 밑으로 무너지는 것은 당연한 일이다. 결국 쓸모 있음은 쓸모없음의 기초 위에 세워지는 것이다.

무용과 유용, 유용과 무용은 인간관계에도 적용할 수 있다. 자신과의 관계에서 무용하다고 생각했던 사람이 어느 시점에서는 유용의 관점에 있는 경우를 경험해보았을 것이다. 하나의 예로 우리가 만남이란 관계를 유지하고 있을 때는 서로 상대에 대한 필요성이나 절대성을 인식하지 못하다가, 만남의 관계가 단절된 시점부터 상대의 필요성과 절대적 가치에 대한 인식이 달라지는 것을 들 수 있다. 가까이 있던 사람의 부재(不在), 그것은 우리에게 유용의 가치에 대해 새로운 자각을 하게 하기도 한다. 우리는 장자의 예화를 통해 세속의 가치관을 초월하여 한 차원 높은 가치관에 대한 인식을 할 수 있다. 타인의 존재 가치를 어느 한쪽의 관점에서만 바라보고 있는 것은 아닌지, 또한 자기중심적 사고방식만을 고집하여 아집에 빠져들고 있는 것은 아닌지 우리는 늘 자문해보아야 할 것이다.

① 상대적으로 바라보는 태도가 필요하겠네.
② 핵심을 알기 위해서는 다양한 관점이 필요하겠네.
③ 여러 마리의 토끼를 잡으려다가 중요한 한 마리도 못 잡는 수가 있다네.
④ 유용한 것들만 모은다고 그것이 꼭 유용의 가치를 지닌다고 할 수 없네.

04 이 글의 내용과 일치하지 않는 것은?

우리나라만이 갖는 선과 형태의 특성은 부드러움 속에 담긴 넉넉한 아름다움으로 요약할 수 있습니다. 이러한 형태미가 발생하게 된 가장 주요한 배경은 우리의 독특한 자연조건과 정서에 있습니다. 정서는 환경과 생활 속에서 늘 보고 듣고 체험하는 데서 자연스럽게 형성되는데, 거칠고 척박한 곳에서의 생활은 거칠고 투박한 심성을 만들고 파생되는 미의 형태도 투박하게 됩니다. 반대로 따뜻하고 부드러운 환경에서 가꾸어진 여유로운 심성은 부드러운 그림의 형태로 나타나겠지요. 이처럼 환경의 영향이 크기 때문에 맹자의 어머니도 교육을 위해서 세 번씩이나 이사했던 것입니다.

한편 우리나라의 자연은 노년기 지형으로서 완만한 선과 다양한 형태를 지니고 있습니다. 지리산처럼 웅장한 모습이 있는가 하면, 설악산처럼 힘 있는 선을 나타내는 형태도 있습니다. 그러나 전체적으로는 부드러움을 지녔다고 할 수 있으며, 강함은 전체적인 부드러움 속에서 적절하게 조화를 이룬다고 볼 수 있겠지요. 이러한 자연환경 속에서 우리 민족은 부드럽고 따뜻한 정서를 지니게 되었고, 그에 따라 미술에서도 부드러운 곡선과 넉넉한 형태감이 나타나게 된 것입니다.

우리의 전통 가옥인 초가집 지붕의 선과 형태를 생각해봅시다. 자연스러운 곡선으로 마치 주변의 야산을 옮겨다 놓은 듯한 낯익은 형태감을 지니고 있습니다. 이처럼 우리 주변에서 흔히 볼 수 있는 자연의 선과 형태가 생활 속에서 나타나게 되었고, 자연스럽게 미의식에도 커다란 영향을 미쳐 작품에도 그러한 선과 형태가 나타난 것이지요.

우리의 따뜻한 정서가 살아있는 조선백자도 마찬가지입니다. 중국의 자기처럼 '대칭과 완벽'의 아름다움을 찾을 수는 없지만, 보름달을 닮았다고 하여 '달 항아리'라는 예쁜 이름을 갖게 된 백자는 넉넉한 곡선과 비대칭의 아름다움, 그러면서도 여유 있고 균형 잡힌 형태감으로 우리에게 다가옵니다. 중국의 완벽한 자기(瓷器)나 기교적인 일본의 자기에서는 결코 느낄 수 없는 아름다움입니다.

이러한 아름다움은 우리의 한복뿐 아니라 풍속화의 선이나 산수화의 부드러우면서도 힘찬 선과 형태감, 수수하면서도 때로는 파격적인 민화 등 다양한 분야에서 나타납니다. 즉, 우리의 정서가 담겨 있는 선과 형태의 전반적인 특징은 부드러움이었으며, 자연과의 조화를 드러내는 아름다움이었던 것입니다.

선과 형태에 관한 전통적인 개념이 현대미술에까지 계승되고 있다고는 자신 있게 말하지 못하겠습니다. 그러나 우리 자신의 것을 바탕으로 하지 않는 문화는 사상누각에 불과합니다. 우리는 우리 문화의 근원이라 할 수 있는 우리의 자연에 관심을 가져야 합니다. 쉼 없이 이어지는 산의 부드러우면서도 때로는 힘 있는 곡선과 자연 그대로의 오솔길, 산 따라 골 따라 순응하면서 흘러가는 냇물의 흐름과 뚜렷한 사계절의 흐름을 우리의 그림과 도자기, 생활 문화와 비교해보면 우리 미의 근원이 자연임을 알 수 있을 것입니다.

① 한복이나 만화에서도 한국적인 아름다움을 발견할 수 있다.

② 조선백자는 세련된 기교와 완벽한 대칭의 아름다움을 지니고 있다.

③ 부드러움 속에 넉넉함이 담긴 것이 한국의 아름다움이다.

④ 한국의 자연은 완만한 선과 다양한 형태를 지니고 있다.

[05~06] [허위표시 및 과대광고 관련 법조문]을 보고 물음에 답하시오.

> **[허위표시 및 과대광고 관련 법조문]**
>
> 제○○조
>
> ① 식품에 대한 허위표시 및 과대광고의 범위는 다음 각 호의 어느 하나에 해당하는 것으로 한다.
>
> 1. 질병의 치료와 예방에 효능이 있다는 내용의 표시 광고
> 2. 각종 감사장, 상장 또는 체험기 등을 이용하거나 인증 보증 또는 추천을 받았다는 내용을 사용하거나 이와 유사한 내용을 표현하는 광고. 다만, 중앙행정기관, 특별지방행정기관 및 그 부속기관 또는 지방자치단체에서 인증 보증을 받았다는 내용의 광고는 제외한다.
> 3. 다른 업소의 제품을 비방하거나 비방하는 것으로 의심되는 광고나 제품의 제조방법, 품질, 영양가, 원재료, 성분 또는 효과와 직접적인 관련이 적은 내용 또는 사용하지 않은 성분을 강조함으로써 다른 업소의 제품을 간접적으로 다르게 인식하게 하는 광고
>
> ② 제1항에도 불구하고 다음 각 호에 해당하는 경우에는 허위표시나 과대광고로 보지 않는다.
>
> 1. 일반음식점과 제과점에서 조리 · 제조 · 판매하는 식품에 대한 표시 광고
> 2. 신체조직과 기능의 일반적인 증진, 인체의 건전한 성장 및 발달과 건강한 활동을 유지하는 데 도움을 준다는 표시 광고
> 3. 제품에 함유된 영양성분의 기능 및 작용에 관하여 식품영양학적으로 공인된 사실

05 계열사들의 허위표시 및 과대광고 유무를 알아보려 각 계열사별 광고 문구를 확인하였다. 규정에 어긋나게 광고한 곳은?

> ㄱ. (○○ 오리요리 광고) "고단백 식품인 오리고기와 스트레스 해소에 효과가 있는 인삼을 넣은 오리백숙은 인삼, 찹쌀, 밤, 대추 등의 유효성분이 어우러져 영양의 균형을 이룬 아주 훌륭한 보양식입니다."
>
> ㄴ. (○○ 녹차의 표시 · 광고) "변비와 당뇨병 예방에 탁월한 ○○ 녹차"
>
> ㄷ. (○○ 두부의 표시 · 광고) "건강 유지 및 영양 보급에 만점인 단백질을 많이 함유한 ○○ 두부"
>
> ㄹ. (○○ 라면의 표시 · 광고) "우리 회사의 라면은 폐식용유를 사용하지 않습니다."
>
> ㅁ. (○○ 소시지의 표시 · 광고) "위해요소 중점관리기준을 충족하는 업소에서 만든 식품의약품안전처 인증 ○○ 소시지"

① ㄱ, ㄴ
② ㄹ, ㅁ
③ ㄴ, ㄹ
④ ㄱ, ㄷ, ㅁ

06 위의 법조문을 읽고 나눌 수 있는 대화가 아닌 것은?

① 어제 구매한 운동보조식품이 신체의 건강한 발달에 도움이 된다고 광고한 것도 과대광고인 거지? 환불해야겠어.
② 혈관성 질환에 확실히 효과가 있다고 광고하는 것도 과대광고구나.
③ 최근 소셜 미디어에 체험후기가 많은데, 그것도 모두 과대광고에 속하는 거지?
④ 얼마 전 어머니가 당뇨병에 좋다며 사온 건강식품도 허위광고에 속으신 거였어.

[07~08] 문서를 보고 물음에 답하시오.

[사회취약계층 주택 개 · 보수 사업]

• 목적
기초수급자가 소유한 노후 불량주택을 개 · 보수하여 저소득층 정주 여건 개선

• 사업개요
근거 : 사회취약계층 주택 개 · 보수 사업 시행계획(국토부)

• 신청대상
– 기초생활수급자 또는 탈수급자 중 희망키움통장 가입자
*희망키움통장 : 일하는 수급자의 탈빈곤 촉진을 위한 통장(복지부, 지자체)
– 위 대상자 중 노후 자가주택 소유자
보증금(호당) : 600만 원 지원(국비 지원 80%, 시 지원 20%)
사업시행자 : LH공사

• 사업항목
– 구조안전 및 세대 내부 환경개선
지붕, 천장, 기둥, 벽체, 바닥 등 구조안전 강화
세대 내부 구조개선(욕실과 주방 분리, 화장실 구조개선 등)
급수 · 배수 등 기계 시설, 누전차단기 등 전기시설 개 · 보수
– 그린홈 사업
창호 교체, 섀시 설치, 단열시공 등

• 추진 실적

(단위 : 호, 백만 원)

구분		계	2010년	2011년	2012년
사회취약계층 주택 개 · 보수	호수	258	63	115	80
	사업비	1,548	378	690	480

07 **다음 중 위 문서의 내용과 일치하지 <u>않는</u> 것은?**

① 위 사업의 목적은 저소득층 정주 여건을 개선하는 것이다.
② 호당 600만 원의 보조금 중 시에서 지원하는 보조금은 120만 원이다.
③ 사업은 크게 두 가지로 구조안전 및 세대 내부 환경개선, 그린홈이다.
④ 2011년도 사회취약계층 주택 개 · 보수 사업비는 6천 9백만 원이다.

08 **위 사업을 신청할 수 있는 사람은?**

	이 름	기초생활수급자	탈수급자	희망키움통장 가입	노후 자가주택 소유
①	민상		O	O	X
②	민경		O	O	O
③	세윤	O		O	X
④	준현	O		X	O

09 다음 글에 따라 〈보기〉를 이해한 것으로 옳지 않은 것은?

우리가 말하는 문장은 사실의 기술 이외에도 많은 기능을 수행한다. 하나의 문장은 단순히 발화되기도 하지만, 그것을 넘어 정보를 전달하는 행위, 무엇을 물어보는 질문, 무엇을 지시하는 명령 등에도 사용된다. 발화된 문장이 어떤 기능을 수행하는지는 화자의 의도 및 발화의 맥락에 따라 달라진다.

어느 겨울날 혼자 길을 걷던 갑순이 전광판에 표시된 기온을 확인하고 (1) "날씨가 춥다"라고 말했다면, 이 문장은 특정한 기상 상황을 기술하는 기능을 수행한 것이다. 갑순이 갑돌에게 날씨 정보를 전달하려는 의도에서 (2) "날씨가 춥다"라고 말했다면, 이는 사실의 기술을 넘어 정보 전달 기능을 수행한 것이다. 그런데 만약 갑순이 갑돌에게 어떤 비언어적 행동을 일으킬 의도, 예컨대 (3) 목도리를 풀어달라는 의도로 그 문장을 말한 것이라면 이는 사실의 기술과 정보 전달 기능뿐 아니라 갑돌에게 어떤 행위를 하도록 유발하는 기능을 수행한 것이다.

이때 발화된 문장 (1)은 사실을 기술하는 문자 그대로의 의미, 즉 '화자 의미'를 지니는 반면, (2)는 날씨가 춥다는 것을 알리려는 의미, 즉 '문장 의미'만을 지닌다. 또한 (3)은 목도리를 풀어달라는 화자의 의미가 포함된 '화자 의미'를 지닌다. 그런데 (3)은 "문 좀 닫아 주실래요?"처럼 문장 의미와 화자 의미가 가까운 경우도 있는 반면, 문을 닫게 할 의도로 "바람이 차네요" 하고 말하는 것처럼 문장 의미와 화자 의미의 거리가 더 먼 것도 있다.

| 보기 |

"㉠ 플로렌스의 추억, 차이콥스키"라고 중얼거리면서, 큰 테이블 곁에 혼자 서서 예나는 멜로디를 흥얼거렸다. 멀리서 현악기의 소리가 은은히 들렸고, 사람들은 행복해 보였다.

"클래식 음악 좋아하시나봐요? ㉡ 저편으로 가셔서 신랑 신부에게 인사하시지요."

석하가 다가오며 말을 건넸다.

"㉢ 다른 하객분들도 거기 모여 계십니다"라는 석하의 말에 예나는 그 자리를 떠나고 싶지 않아 말했다.

"㉣ 이 자리에 있으면 안 되나요?"

이 말을 더 이상 귀찮게 하지 말라는 의도로 이해한 석하는 씁쓸한 표정으로 저편에 있는 사람들에게 돌아갔다.

① ㉣의 경우 석하가 이해한 문장 의미와 화자 의미의 거리가 예나가 의도한 문장 의미와 화자 의미의 거리보다 가깝다.

② 화자의 의도를 고려할 때, ㉢은 ㉡보다 문장 의미와 화자 의미의 거리가 멀다.

③ (2)는 ㉢이 수행하는 기능 중의 하나이다.

④ ㉠을 대화 상황에서 말했다면, (2)는 ㉠이 수행하는 기능 중의 하나일 것이다.

10 이 글의 글쓰기 전략을 〈보기〉에서 모두 골라 바르게 묶은 것은?

철학사에서 욕망은 보통 부정적인 것이며 무언가의 결핍으로 생각되어 왔다. 그러나 들뢰즈와 가타리는 욕망을 다르게 인식하였다. 그들은 욕망이 결핍과는 무관한 무의식적 에너지의 능동적 흐름이며, 부정적인 것이 아니라 무언가를 생산하는 긍정적인 힘이라고 생각했다.

욕망은 창조적이며 생산적인 무의식이므로 사회는 이를 자유롭게 발현할 수 있는 방법을 모색해야 하지만, 권력을 가진 자는 늘 타인의 욕망을 적절히 통제하고 순응시키는 쪽으로만 전략을 수립해왔다. 들뢰즈와 가타리는 여기에 주목했고, 이러한 욕망의 흐름을 각각에 어울리는 코드로 통제하는 방식을 '코드화'라고 부르며 사회 체제가 갖는 문제점을 설명하였다.

그들에 따르면 부족을 이루며 생활했던 원시 사회부터 욕망은 통제되기 시작한다. 코드화가 이루어지는 시기인 셈이다. 하지만 이때까지는 다양한 욕망의 흐름을 각각에 어울리는 코드로 통제하는 방식과 통제의 중심이라 할 만한 것이 없었다. 욕망을 본격적으로 통제하게 되는 시기는 고대 사회이다.

고대 사회에서는 왕이 국가를 지배하며 이를 중심으로 욕망이 통제된다. 이것은 하나의 강력한 코드 아래에 다른 모든 코드들을 종속시킨다는 의미에서 '초코드화'라고 부를 수 있다. 이러한 초코드화 사회는 왕권이 붕괴되고 자본주의가 출현하기 이전까지 욕망을 다스리는 방식이었다.

현대 사회는 왕이 사라지고 코드화의 중심이 없어져 다양한 욕망이 자유롭게 충족될 수 있는 탈코드화 사회인 것처럼 보인다. 하지만 들뢰즈와 가타리는 고대 사회의 왕의 역할을 자본이 대신하며 이를 중심으로 욕망이 통제된다는 점에서 현대 사회를 오히려 어느 사회보다도 강력한 초코드화가 이루어진 사회라고 보았다. 왜냐하면 현대사회는 겉으로는 이전 사회에서 금기시되었던 모든 욕망을 충족시켜 주는 듯 보이나, 실상은 자본에 의해 욕망이 통제되고 있기 때문이다.

이처럼 들뢰즈와 가타리는 욕망의 코드화라는 개념을 적용하여 사회 체제의 변화를 설명하였고, 욕망이 갖고 있는 능동성과 생성의 에너지가 상실되는 현상을 비판하였다. 이러한 제약을 해결하기 위해 그들은 코드화로부터 벗어나려는 태도가 필요하다고 주장했는데, 그것이 바로 '노마디즘'이다. 노마디즘은 주어진 코드에 따라 사유하고 행동하는 것이 아니라 늘 새로운 것, 창조적인 것을 찾아나서는 유목의 도(道)를 말하며, 특정한 가치와 삶의 방식에 얽매이지 않고 끊임없이 새로운 자아를 찾아가는 태도를 뜻한다.

| 보기 |

ㄱ. 주요 용어의 개념을 설명하여 이해를 도모하자.
ㄴ. 문답 형식으로 화제에 대해 구체적으로 설명하자.
ㄷ. 객관적 자료를 활용하여 비판적 시각을 드러내자.
ㄹ. 특정 학자의 견해를 중심으로 세부 내용을 전개하자.

① ㄱ, ㄴ
② ㄱ, ㄷ
③ ㄱ, ㄹ
④ ㄴ, ㄷ

[11~12] 귀하는 회사 내 직원복지제도 중 하나인 온라인 강의 및 도서 제공 서비스를 담당하고 있다. 귀하가 제작한 [FAQ]를 보고 이어지는 물음에 답하시오

[FAQ]

Q1. 도서 환불 규정
Q2. 동영상 프로그램 재설치 방법
Q3. 스트리밍서버에 접근 오류 대처방법
Q4. 플레이어 업데이트를 실패하였을 때 대처방법
Q5. 동영상 강좌 수강신청 방법
Q6. 수강 중인 강의의 수강 잔여일 또는 수강 종료일은 어디서 확인하나요?
Q7. 수강기간은 어떻게 되나요?
Q8. 동영상 환불 규정
Q9. 강좌의 수강 횟수가 정해져 있나요?
Q10. 동영상 플레이어 끊김 또는 화면이 안 나올 때 대처방법

11 귀하는 인트라넷 개편에 따라 기존 정보를 분류하여 정리하려고 한다. ㄱ~ㄴ에 들어갈 수 있는 질문으로 적절한 것은?

Best FAQ		
환불	수강방법	동영상 오류
ㄱ	ㄴ	Q2, Q3, Q4

① ㄱ: Q1, Q5
② ㄱ: Q6, Q7
③ ㄴ: Q3, Q5, Q10
④ ㄴ: Q6, Q9

12 총무팀에 근무하는 B 씨는 지난달 중국어 강의를 신청했지만, 새로운 프로젝트를 진행하게 되면서 강의를 거의 듣지 못했다. 프로젝트가 마무리 단계에 접어들자 저번에 신청했던 중국어 강의가 생각이 난 B 씨는 직원복지팀의 귀하에게 아직 남은 수강일이 며칠인지, 수강기간이 얼마 남지 않았다면 강의를 취소하고 도서와 함께 환불받을 수 있는지 문의했다. 귀하가 B 씨에게 참고하라고 알려줄 수 있는 경로는?

① 인트라넷 – 직원복지제도 – 온라인 강의 – FAQ – Q1, Q6, Q8
② 인트라넷 – 직원복지제도 – 온라인 강의 – FAQ – Q2, Q4, Q5
③ 인트라넷 – 직원복지제도 – 온라인 강의 – FAQ – Q3, Q7, Q8
④ 인트라넷 – 직원복지제도 – 온라인 강의 – FAQ – Q6, Q8, Q10

13 글로벌 은행인 B 은행은 외국지사와 화상 회의를 진행하기로 하였다. 모든 국가는 오전 8시부터 오후 6시까지가 업무시간이고 한국시간으로 오후 4시부터 5시까지 회의를 진행한다고 할 때, 다음 중 회의에 참석할 수 없는 국가로 옳은 것은?(단, 섬머타임을 시행하는 국가는 +1:00을 반영한다)

국가	시차	국가	시차
파키스탄	−4:00	불가리아	−6:00
시드니	+1:00	런던	−9:00
싱가폴	−1:00		

※ 오후 12시부터 1시까지는 점심시간이므로 회의를 진행하지 않는다.
※ 섬머타임 시행 국가 : 런던

① 파키스탄
② 런던
③ 싱가폴
④ 불가리아

14 현금 3,000만 원을 알뜰정기예금에 저축하려고 한다. 금리는 아래의 조건에 따라 우대금리가 적용된다. 이때, 예금 만기 시 수익이 500만 원 이상이 되기 위해서는 적어도 얼마 동안 가입하여야 하는가? (단, 단리법으로 계산한다)

금리구분(연이율)	계약기간 1년	계약기간 2년	계약기간 3년	계약기간 4년
기본금리	2%			
우대금리	2%	3%	4%	5%

① 1년
② 2년
③ 3년
④ 4년

15 K-체크카드는 매월 사용금액에 따라 연동되어 있는 급여 통장의 금리가 적용된다. 이때 1달 동안 체크카드로 쇼핑, 주유, 대중교통, 통신요금을 각각 96,900원, 160,000원, 86,000원, 68,000원을 사용하였다면, 급여 통장의 금리는 얼마인가?

총 사용금액	100,000원부터~ 200,000원 미만	200,000원부터~ 300,000원 미만	300,000원부터~ 400,000원 미만	400,000원부터~ 500,000원 미만
금리(%)	사용금액의 $\frac{1}{1,000,000}$	사용금액의 $\frac{2}{1,000,000}$	사용금액의 $\frac{3}{1,000,000}$	사용금액의 $\frac{4}{1,000,000}$

① 0.87%
② 1.26%
③ 1.64%
④ 1.97%

16 A~G라는 일곱 사람이 원탁에 둘러 앉아 있다. 앉아 있는 순서가 아래와 같을 때, B와 인접하여 앉아 있는 사람은?

- A로부터 우측으로 두 사람 건너 F가 앉아 있다.
- F로부터 우측으로 두 사람 건너 E가 앉아 있다.
- E로부터 우측으로 두 사람 건너 B가 앉아 있다.
- C와 F는 인접하여 앉아 있지 않다.
- G와 C는 인접하여 앉아 있다.

① C ② D
③ E ④ F

[17~19] 가, 나, 다, 라, 마, 바 여섯 명이 6층짜리 빌라에 입주하려고 한다. 다음의 조건을 만족해야 할 때, 물음에 답하시오.

- 가와 다는 높은 층을 무서워하기 때문에 3층 위에서는 살 수 없다.
- 나는 높은 경치를 좋아하여 맨 위층을 고른다.
- 바는 라보다, 라는 마보다 높은 곳에 살려고 한다.

17 위의 조건을 충족하는 입주조건에는 몇 가지가 있는가?

① 2가지 ② 4가지
③ 6가지 ④ 8가지

18 가가 3층에 입주할 경우, 가와 인접해서 살 수 있는 사람들은 누구인가?

① 나, 마 ② 다, 마
③ 마, 바 ④ 다, 라, 마

19 가가 1층에 살 때, 5층에 사는 사람은 누구인가?

① 나 ② 라
③ 마 ④ 바

20 **○○ 회사는 창의력 증진을 위하여 사내 직원들을 대상으로 대회를 열어 상금을 수여한다. 대회에 참가하는 동료들과 창의적인 사고에 대해 이야기하는 시간을 가졌는데, 대화 내용 중 타당하지 않은 것은?**

① "창의적인 사고를 하기 위해서는 고정관념이나 선입견을 버려야 해."

② "자신의 일에 필요한 지식이나 그에 맞는 지능 수준을 가지고 있다면, 그 분야에서 어느 누구 못지않게 창의적일 수 있어."

③ "창의적인 사고는 후천적인 노력보다는 선척적인 부분에 많이 좌우되지."

④ "창의적인 생각을 가지려면 문제의 원인이 무엇인가를 분석하는 논리력이 매우 뛰어나야 해."

21 **〈보기〉의 삼단논법에서 (a)와 (c)가 참일 때, (b)에 들어갈 명제로 적절한 것은?(단, a, b, c 모두 역, 이, 대우도 참이다)**

(a) 글을 많이 쓰면, 논리적 사고력이 발달하고 생각이 풍부해진다. (b) ______________________________ (c) 관찰을 잘 하지 않는다면, 글을 많이 써본 것이 아니다.

① 생각이 풍부하면, 글을 많이 써 본 것이다.

② 생각이 풍부한 사람은 글을 많이 쓴다.

③ 논리적 사고력이 발달했다면, 생각이 풍부해진다.

④ 논리적 사고력이 발달하지 않았다면, 관찰을 잘 하지 않은 것이다.

[22~25] **K 회사 직원인 지민, 향선, 찬미, 보검, 아인, 공유 일곱 사람은 대중교통을 이용하여 오후 2시에 시작되는 거래처 내 회의장에 가려고 한다. 아래 조건을 보고 물음에 답하시오.**

[조건]

- 버스, 지하철, 택시만 있다고 가정한다.
- 이동은 A, B, C, D 지점을 거치는 직선노선만 있다.
- 택시의 기본요금은 3,000원이다.
- 지하철은 1km를 2분에 가고, 버스는 1km를 3분에 간다.
- 택시는 1km를 1분에 가고, 2km마다 100원씩 추가요금이 발생한다.
- 버스와 지하철은 각 지점과 버스정류장 및 지하철역을 경유한다.
- 버스 요금은 1,000원, 지하철 요금은 1,100원이며 추가요금은 없다.
- 버스와 지하철 간에는 100원 추가요금을 내야 환승이 가능하고, 모든 교통수단은 환승할 경우 2분의 소요시간이 있다.
- 환승할 때에 추가되는 수고로움을 비용으로 환산하면 1분당 300원이다.
- 거래처에서 회의장까지 가는 데에는 3분이 소요된다.
- 회의실 도착 후에 회의 시작 전까지 대기하는 시간을 비용으로 환산하면 1분당 300원이다.
- 회의에 지각할 경우 불이익을 감안해서 비용으로 환산하면 1분당 1,000원이다.

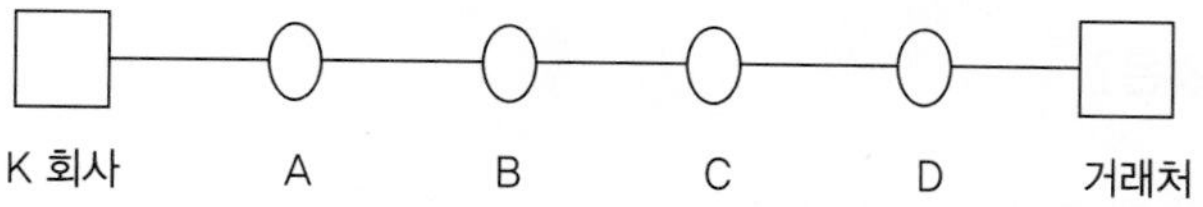

※ 각 구간의 거리는 2km로 같다.

22 **K 회사에서 거래처까지 이동만 가정한다면, 최단시간으로 가는 방법과 최소비용으로 가는 방법 간에 비용 차는 얼마인가?**

① 2,200원 ② 2,200원
③ 2,500원 ④ 2,700원

23 **향선은 K 회사에서 출발하여 B 지점까지 버스를 탄 후, 택시로 환승해서 회의장에 도착하고자 한다. 모든 비용을 고려한다면, 어느 시각에 출발하는 것이 가장 적은 비용을 소모하겠는가?**

① 오후 1시 33분 ② 오후 1시 37분
③ 오후 1시 43분 ④ 오후 1시 47분

24 아인은 1시 36분에 K 회사에서 출발하여 B 지점까지 버스를 탄 후, 지하철로 환승하여 거래처에 도착했다. 그리고 공유는 아인이 출발한 2분 뒤에 K 회사에서 출발하여 A 지점까지 버스를 탄 후 거래처까지의 나머지 거리는 택시를 이용했다. 아인과 공유의 비용 차는 얼마인가?

① 400원　② 800원
③ 1,500원　④ 1,900원

25 지민은 버스를 타고 B 지점에 있었으며, 회의시간에 늦지 않게 도착할 예정이었다. 그런데 상사인 보검에게서 연락이 왔다. 보검은 지민에게 C 지점에서 자신을 5분만 기다려준다면 자신이 C 지점에서 거래처까지의 택시비를 전부 내겠다고 한다. 지민이 보검을 기다렸을 때 회의에 5분 지각할 위험이 있다면 지민이 버스를 타고 B 지점에 있었을 때의 시각은?(단, 보검을 기다리는 시간에 대한 비용은 없으며, 기다리는 시간은 환승 시간에 포함된다)

① 오후 1시 43분　② 오후 1시 47분
③ 오후 1시 49분　④ 오후 1시 50분

26 다음 중 문장의 의미가 <u>다른</u> 것은?

① K는 은행에 업무를 보러 갈 때 항상 녹차를 마신다.
② K는 은행에 업무를 보러 가는 모든 경우에 녹차를 마신다.
③ K는 은행에 오지 않는 경우에 녹차를 마시지 않는다.
④ K는 은행에 업무를 보러 가는 모든 경우에 녹차를 마시지 않는 때가 없다.

27 다음 중 논리적인 사고를 위한 요소가 <u>아닌</u> 것은?

① 자신 주장에 대한 방어화
② 생각하는 습관
③ 타인에 대한 비판의식
④ 상대 논리의 객관화

28 각 워크시트에서 채우기 핸들을 [A4]로 끌었을 때 [A4] 셀에 입력되는 값으로 옳지 않은 것은?

①

	가
1	A
2	A
3	B
4	

→ C

②

	나
1	15.8
2	16.8
3	17.8
4	

→ 18.8

③

	다
1	19
2	20
3	21
4	

→22

④

	라
1	A
2	B
3	B
4	

→ B

29 다음 중 Windows 7에서 [마우스]에 관한 설명으로 가장 적절하지 않은 것은?

① [단추구성]에서 오른쪽 단추와 왼쪽 단추의 기능을 바꿀 수 있다.
② [휠]에서 마우스의 휠 장치의 오작동 여부를 검사할 수 있다.
③ [하드웨어]에서 마우스 장치의 이름과 장치가 연결되어 있는 위치를 알 수 있다.
④ [포인터]에서 포인터 모양 등을 지정할 수 있다.

[30~31] 다음 자료를 읽고 주어진 물음에 답하시오

가. 기초생활수급자 선정 기준

- 부양의무자가 없거나, 부양의무자가 있어도 부양능력이 없거나 또는 부양을 받을 수 없는 자로서 소득인정액이 최저생계비 이하인 자

※ 부양능력이 있는 부양의무자가 있어도 부양을 받을 수 없는 경우란, 부양의무자가 교도소 등에 수용되거나 병역법에 의해 징집 · 소집되어 실질적으로 부양을 할 수 없는 경우와 가족관계 단절 등을 이유로 부양을 거부하거나 기피하는 경우 등을 가리킨다.

나. 매월 소득인정액 기준

- 소득인정액 = 소득평가액 + 재산의 소득환산액
- 소득평가액 = 실제소득 − 가구특성별 지출비용

다. 가구별 매월 최저생계비

(단위 : 만 원)

1인	2인	3인	4인	5인	6인
42	70	94	117	135	154

라. 부양의무자의 범위

- 수급권자의 배우자, 수급권자의 1촌 직계혈족 및 그 배우자, 수급권자와 생계를 같이하는 2촌 이내의 혈족

30 K는 아버지와 둘이 살고 있으며, 혈족은 삼촌 한 명이 전부이다. K는 혼자 소득을 책임지고 있으며 실제소득은 100만 원이다. 다음 중 K의 상황을 가정할 때 옳지 않은 것은?

① K네 식구의 가구특성별 지출비용과 재산의 소득환산액이 0원이라면, K네 식구는 기초생활수급자로 선정되지 않는다.

② K네 식구의 가구특성별 지출비용이 35만 원이고 재산의 소득환산액이 3만 원이라면, K네 식구는 기초생활수급자로 선정된다.

③ K의 삼촌이 부양능력이 없고 K네 식구의 소득인정액이 실제소득보다 25만 원 낮으면, K네 식구는 기초생활수급자로 선정된다.

④ K네 식구의 소득인정액이 실제소득보다 35만 원 낮고, K네 이모가 가족관계 단절을 이유로 부양을 거부한다면 K네 식구는 기초생활수급자로 선정된다.

31 다음 네 사람 중 기초생활수급자로 선정될 수 있는 사람은?

	가족 수	총 실제소득 (가구 당)	가구 당 지출비용	재산의 소득환산액	부양의무자로부터의 부양 여부
① A	3명	90만 원	20만 원	0원	부양의무자로부터 부양받고 있음
② B	4명	100만 원	30만 원	0원	수감 중인 부양의무자
③ C	4명	40만 원	30만 원	150만 원	부양능력이 없는 부양의무자
④ D	6명	200만 원	50만 원	0원	부양의무자 없음

32 다음 중 아래의 설명에 해당하는 개념으로 가장 옳은 것은?

기존에는 문서나 서신 등을 물리적인 방법으로 전달했는데, 그러나 최근에는 이러한 물리적 방법이 아닌 온라인 상으로 문서나 서신 등을 보내거나 저장할 수 있는 기능을 갖추었다.

① 전자상거래 서비스
② 소셜 네트워크 서비스
③ 포털 서비스
④ 전자우편 서비스

33 다음에서 K 사원의 정보관리 분류 기준은?

K 사원은 매주 금요일에 있는 미팅에서 논의 내용 및 미팅자료를 기록한다. 5월 3일 미팅에서 '전략적인 마케팅'이라는 주제로 발표하였고, 5월 21일 미팅에서는 광고 노출 변화에 따른 수익률과 재정정책에 대하여 발표하였다.
K 사원은 파일을 각각 '170503', '170521'으로 저장하였다.

① 시간적 기준
② 유형적 기준
③ 주제적 기준
④ 기능적 · 용도별 기준

34 데이터베이스(Data Base)에 대한 설명으로 옳지 않은 것은?

① 같은 데이터가 중복되는 것을 막을 수 있다.
② 데이터의 안전성을 높인다.
③ 데이터의 효율성을 위해 개발된 것이다.
④ 업무가 확대되면 새로 구축해야 한다.

35 다음 중 정보 활용 절차로 옳은 것은?

① 수집 → 기획 → 활용 → 정리
② 기획 → 수집 → 활용 → 평가
③ 수집 → 기획 → 관리 → 활용
④ 기획 → 수집 → 관리 → 활용

36 지환이는 입사 후 저축 계획을 세우려고 한다. 지환이의 월급은 270만 원이며 처음 몇 달 동안은 월급의 50%를 저축하고, 그 후에는 월급의 60%를 저축해서 1년 동안 1,800만 원을 저축하려고 한다. 이때 50%를 저축하는 기간은 최대 몇 달이어야 하는가?

① 4개월
② 5개월
③ 7개월
④ 9개월

37 은행 근처 A 카페는 평균 고객이 하루에 100명이다. 모든 고객은 카페의 음료를 Take-out하거나 카페 안에서 음료를 마신다. 한 사람당 평균 6,400원을 소비하며, 카페 안에서 음료를 마시는 고객에 한하여 한 사람당 서비스 비용이 평균 1,500원이 들고 카페 유지비용은 하루에 53만 5천 원이다. 이럴 경우 하루에 수익이 발생하려면 Take-out 고객은 최소 몇 명이어야 하는가?

① 24명
② 25명
③ 28명
④ 31명

[38~40] 제시된 낱말과 동일한 관계가 되도록 괄호 안에 들어갈 가장 적절한 단어를 고르시오.

38

고속도로 : (　　) = 바다 : 운하

① 해협
② 등대
③ 방파제
④ 터널

39

자유 : 빵 = 소크라테스 : (　　)

① 돼지
② 피
③ 물
④ 소금

40

사진 : (　　) = 손전등 : (　　)

① 그림, 냉장고
② 미술관, 휴대폰
③ 카메라, 빛
④ 음악, 식탁

41 기업은행 기획팀 박○○ 과장은 SWOT 분석 결과를 통해 대응 전략을 수립해 보고자 한다. 전략으로 적절하지 않은 것은?

강점(Strength)	• 기업금융 시장에서의 확고한 자리매김 • 중소기업 특화 은행으로의 발전 • 국책은행으로서 높은 안정성 보유
약점(Weakness)	• 상대적으로 미약한 개인금융사업 • 자회사들의 더딘 성장
기회(Opportunity)	• 글로벌 시장 개척 기회 • 경제 민주화 구현을 위한 소상공인 및 창업가들의 대출 증대
위협(Threat)	• 소비자 보안에 대한 다양한 규제 강화 • 저성장, 저금리로 인한 금융권 성장 정체기 • 인터넷 전문은행의 설립

① 정부 부처가 최대 주주인 만큼 신뢰성과 안전성이 높으므로 내실 성장을 위한 기조를 확립해야 한다.
② 국내시장 경쟁에서 벗어나 글로벌 사업에 역량을 강화하고 신성장 동력을 마련해 기회를 발굴해야 한다.
③ 사회공헌활동과 임직원 자원봉사활동으로 사회적 책임을 다하여 국가 발전에 이바지해야 한다.
④ 급변하는 금융환경 변화에 능동적으로 대응할 수 있도록 항상 준비해야 한다.

42 K 회사는 직원들의 매달 소득 중 9%를 국민연금을 포함한 4대 보험으로 지출하고, 회사와 직원들은 각각 그 금액을 절반씩 부담한다. 김○○ 부장은 매달 소득에 대한 세금으로 2.5%를 지불하고, 대출금으로 46만 원, 보장성 보험으로 28만 원이 자동으로 이체된다. 이때, 김○○ 부장이 매달 받게 되는 실수령액은 얼마인가?(김○○ 부장의 연봉은 7,200만 원이다)

① 480만 원
② 484만 원
③ 498만 원
④ 506만 원

43 **아래의 주어진 조건을 바탕으로 추론한 내용으로 항상 옳은 것은?**

- 고기, 과자, 커피, 채소, 가전제품, 과일 품목에 대해 할인 행사를 요일별로 실시하되, 월요일이 일주일의 시작으로 하고, 주말은 토 · 일요일을 구분하지 않는다.
- 고기는 가전제품보다 2일 전 할인한다.
- 커피와 과자는 화요일 이후로 할인하고, 주말에는 할인하지 않는다.
- 고기는 월요일에 할인하고, 과일은 목요일 이후로 할인한다.

① 채소는 목요일에 할인한다.
② 커피는 금요일에 할인한다.
③ 과일은 가전제품을 할인한 후 3일 뒤에 할인한다.
④ 고기를 할인한 후 3일 뒤에 과자를 할인한다.

[44~45] **귀하는 하반기에 있을 인사총무팀 워크숍 진행을 담당하게 되었다. 오늘 오후에 워크숍 기안문을 부장님께 보고할 예정이다. 이어지는 질문에 답하시오.**

기안문

기안일자	2017년 5월 26일	결 재	담 당	과 장	부 장	사 장
시행일자	2017년 8월 22일~23일					
보존기한						
수 신		경 유				
기안부서		처리기간				
제 목	이천십칠년 총무팀 워크숍 행사 진행의 건 시행(안)					

아래와 같이 이천십칠년 하계 워크숍 행사 진행 및 일정을 품의하오니 검토 후 결재하여 주시기 바랍니다.

– 아 래 –

1. 일시 : 2017년 8월 22일 ~ 2017년 8월 23일
2. 장소 : 강원도 영월군
3. 워크숍 참석대상 : 인사총무팀 전체(30명)
4. 예산 : 별도 첨부
5. 일정 : 별도 첨부

첨부 : 예산 및 일정 각 1부

44 부장님께 보고하기 전 대리님이 기안문을 보게 되었다. [공문서 작성 및 처리지침계]와 함께 기안문을 보던 대리님이 귀하에게 조언해줄 수 있는 말이 <u>아닌</u> 것은?

[공문서 작성 및 처리지침계]

- 숫자는 아라비아 숫자로 쓴다.
- 날짜는 숫자로 표기하되 연 · 월의 글자는 생략하고 그 자리에 온점을 찍어 표시한다.
- 본문이 끝나면 1자(2타) 띄우고 '끝' 표시를 한다. 단, 첨부물이 있는 경우, 첨부 표시문 끝에 1자(2타) 띄우고 '끝' 표시를 한다.
- 기안문 및 시행문에는 행정기관의 로고 · 상징 · 마크 또는 홍보문구 등을 표시하여 행정기관의 이미지를 높일 수 있도록 하여야 한다.
- 행정기관의 장은 문서의 기안 · 검토 · 협조 · 결재 · 등록 · 시행 · 분류 · 편철 · 보관 · 이관 · 접수 · 배부 · 공람 · 검색 · 활용 등 문서의 모든 처리절차가 전자문서 시스템 또는 업무관리시스템 상에서 전자적으로 처리되도록 하여야 한다.

※ 온점 : 가로쓰기에 쓰는 마침표

① '끝' 표시도 중요합니다. 첨부 표시문 뒤에 '끝'을 붙이세요.

② 공문서에서 날짜 표기는 이렇게 하지 않아요. '2017년 8월 22일 ~ 2017년 8월 23일'을 '2017. 8. 22. ~ 2017. 8. 23.'로 고치세요.

③ 오류를 수정하여 기안문을 출력해 부장님께 보고하세요.

④ 어! 로고가 빠졌네. 우리 회사의 로고를 넣어주세요.

45 귀하가 작성한 워크숍 기안문 외에도 회사에서는 다양한 문서를 작성해야 한다. 문서 작성의 기본 원칙이 <u>아닌</u> 것은?

① 문장은 짧고 간결하게 작성하도록 한다.

② 상대방이 이해하기 쉽게 쓴다.

③ 간결체로 작성한다.

④ 큰 제목 외의 표제는 사용하지 않는다.

[46~47] **다음 짝지어진 단어 사이의 관계가 나머지와 다른 하나를 고르시오.**

46 ① 요리 – 요리사 – 손님

② 호텔 – 호텔리어 – 외국인

③ 의료 – 의사 – 환자

④ 교육 – 선생님 – 학생

47 ① 30세 – 이립

② 40세 – 불혹

③ 50세 – 지천명

④ 60세 – 환갑

48 **영업팀 사원인 김○○ 씨는 출장 유류비와 식대비로 총 35만 원을 지불하고 영업처 식대비로 10만 원을 지불했다. 다음 중 [영업팀 결재규정]에 따라 K 씨가 제출할 결재 양식은 무엇인가?**

[영업팀 결재규정]

- 결재를 받으려는 업무에 대하여 최고결재권자(대표이사) 포함 이하 직책자의 결재를 받아야 한다.
- '전결'이라 함은 회사의 경영활동이나 관리활동을 수행함에 있어 의사결정이나 판단을 요하는 일에 대하여 최고결재권자의 결재를 생략하고, 자신의 책임 하에 최종적으로 의사 결정이나 판단을 하는 행위를 말한다.
- 전결사항에 대해서도 위임 받은 자를 포함한 이하 직책자의 결재를 받아야 한다.
- 표시내용 : 결재를 올리는 자는 최고결재권자로부터 전결 사항을 위임받은 자가 있는 경우 결재란에 전결이라고 표시하고 최종결재권자란에 위임받은 자를 표시한다.
- 최고결재권자의 결재사항 및 최고결재권자로부터 위임된 전결 사항은 아래의 표에 따른다.

<table>
<tr><th>구분</th><th>내용</th><th>금액기준</th><th>결재서류</th><th>팀장</th><th>본부장</th><th>대표이사</th></tr>
<tr><td rowspan="3">영업비</td><td rowspan="3">영업처 식대비,
판촉물 구입비 등</td><td>10만 원 이하</td><td rowspan="3">접대비지출품의서
지출결의서</td><td>○
□</td><td></td><td></td></tr>
<tr><td>30만 원 초과</td><td></td><td>○
□</td><td></td></tr>
<tr><td>50만 원 이상</td><td></td><td></td><td>○
□</td></tr>
<tr><td rowspan="3">출장비</td><td rowspan="3">출장 유류비
출장 식대비</td><td>10만 원 이하</td><td rowspan="3">출장계획서</td><td>○
□</td><td></td><td></td></tr>
<tr><td>30만 원 초과</td><td></td><td>○</td><td>□</td></tr>
<tr><td>50만 원 이상</td><td></td><td></td><td>○
□</td></tr>
<tr><td rowspan="4">교육비</td><td>내부교육비</td><td>50만 원 이하</td><td rowspan="4">기안서
법인카드신청서</td><td>○</td><td>□</td><td></td></tr>
<tr><td rowspan="3">외부강사초청비</td><td>50만 원 이하</td><td rowspan="2"></td><td rowspan="2">○</td><td rowspan="2">□</td></tr>
<tr><td>50만 원 초과</td></tr>
<tr><td>100만 원 초과</td><td></td><td></td><td>○
□</td></tr>
</table>

※ ○ : 기안서, 출장계획서, 접대비지출품의서

※ □ : 지출결의서, 각종 신청서 및 청구서

①

출장계획서				
결재	담당	팀장	본부장	최종 결재
	김○○			대표이사

②

청구서				
결재	담당	팀장	본부장	최종 결재
	김○○			팀장

③

출장계획서				
결재	담당	팀장	본부장	최종 결재
	김○○		전결	본부장

④

출장계획서				
결재	담당	팀장	본부장	최종 결재
	김○○		전결	대표이사

49 **직무전결 규정상 전무이사가 전결인 '과장의 국내출장 건'의 결재를 시행하고자 한다. 박○○ 전무가 해외출장으로 인해 부재중이어서 직무대행자인 최○○ 상무가 결재하였다. 이와 관련하여 바르지 않은 것끼리 묶인 것은?**

> 가. 최○○ 상무이사가 결재한 것은 전결이다.
> 나. 공문의 결재표 상에는 '과장 오○○, 부장 김○○, 상무 전결 최○○'이라고 표시되어 있다.
> 다. 박○○ 전무가 출장에서 돌아와서 해당 공문을 검토하는 것은 후결이다.
> 라. 전결사항은 부재중이더라도 돌아와서 후결을 하는 것이 원칙이다.

① 가, 나
② 가, 라
③ 나, 다, 라
④ 가, 나, 라

50 다음은 코리아 투자금융의 직무전결표의 일부분이다. 이에 의거하여 문서를 처리하였을 경우 가장 적절하지 않은 것은?

직무 내용	대표이사	위임 전결권자		
		전무	이사	부서장
정기 월례 보고				○
각 부서장급 인수인계		○		
3천만 원 초과 예산 집행	○			
3천만 원 이하 예산 집행		○		
각종 위원회 위원 위촉	○			
해외 출장			○	

① 인사부장의 인수인계에 관하여 전무에게 결재를 받은 후 시행하였다.
② 영업팀장의 해외 출장을 위하여 이사에게 사인을 받았다.
③ 인사징계위원회 위원을 위촉하기 위하여 대표이사 부재 중에 전무가 전결하였다.
④ 25,000,000원에 해당하는 물품 구매를 위하여 전무 전결로 처리하였다.

[51~52] 다음을 읽고 이어지는 물음에 답하시오

> 송중기 비서는 OOO 투자금융 비서실에서 사장 비서로 근무하고 있으며, 비서실에서 하동훈 비서실장, 정선아 대리와 함께 사장을 보좌하고 있다. 군대를 제대하고 입사한 송중기와 정선아 대리는 동갑이지만 정 대리가 입사 선배이므로 비서실에서 선후배로 지내고 있다.

51 다음 중 비서실 내에서의 바람직한 인간관계를 유지하기 위한 설명으로 가장 적절하지 않은 것은?

① 비서실장과 선배 비서가 갈등관계에 있다면, 사장에게 조언을 구한 후 지시에 따른다.
② 선배 비서의 업무처리 방식이 자신의 방식과 다르더라도 선배의 업무 스타일을 존중하고 맞추도록 노력하는 것이 좋다.
③ 사장을 보좌하는 비서이지만, 비서실장의 지휘 하에 업무를 수행하도록 한다.
④ 사장에게 보고할 내용이 있으면 비서실장에게 먼저 보인 후 사장에게 보고한다.

52 **송중기 비서는 최근 정선아 선배가 다른 임원 비서에게 자신의 험담을 하는 것을 듣게 되어 약간의 실망감을 느꼈다. 송중기 비서와 선배 비서와의 갈등을 해결하기 위한 방법으로 가장 적절한 것은?**

① 선배가 나에 대해 부정적이라는 것을 알았으므로 되도록 공동의 업무를 줄여나간다.
② 다른 임원 비서에게 오해를 적극적으로 해명하고 정 대리와의 관계를 설명한다.
③ 정선아 선배가 가입한 사내 모임에 가입하여 자연스럽게 오해를 풀도록 노력한다.
④ 업무시간이 끝난 후 회식 등의 모임에서 정선아 선배에게 다가가려고 노력하여 친구로 지낸다.

53 **다음 중 인터뷰 준비를 위한 류혜정의 업무처리 내용으로 우선순위가 가장 낮은 것은?**

(Mr. Frank의 부하직원 류혜정은 Mr. Frank와 국내 방송사 기자와의 인터뷰 일정을 최종 점검 중이다. 다음은 기자와의 통화내용이다)

- 류혜정 : 기자님, 안녕하세요. 저는 Korea Capital의 류혜정입니다. Mr. Frank와의 인터뷰 일정 확인 차 연락드립니다. 지금 통화 가능하세요?
- 기자 : 네, 말씀하세요.
- 류혜정 : 인터뷰 예정일이 4월 12일 오후 2시인데 변동사항이 있나 확인하고자 합니다.
- 기자 : 네, 예정된 일정대로 진행 가능합니다. Korea Capital의 회의실에서 하기로 했죠?
- 류혜정 : 맞습니다. 인터뷰 관련해서 저희 측에서 더 준비해야 하는 사항이 있나요?
- 기자 : 카메라 기자와 함께 가니 회의실 공간이 좀 넓어야 하겠고, 회의실 배경이 깔끔해야 하는데 준비가 가능할까요?

① 총무팀에 연락하여 인터뷰 당일 회의실 예약 및 회의실 배경 준비를 미리 해놓는다.
② 인터뷰 당일 Mr. Frank의 점심식사 약속은 가급적 잡지 않는다.
③ 인터뷰 진행 시 통역이 필요한지 확인하고, 질문지를 사전에 받아 Mr. Frank에게 전달한다.
④ 기자에게 인터뷰의 방영일자를 확인하여 인터뷰 영상 내용을 자료로 보관하도록 한다.

54 **다음은 S 전자 총무부에 근무하는 이○○ 과장과 S 전자에 오피스 용품을 납품하는 협력업체 사장의 대화이다. 거래처 관리를 위한 이○○ 과장의 업무처리 방식으로 가장 바람직한 것은?**

> • 오피스 용품 사장 : 과장님, 이번 달 오피스 용품 주문량이 급격히 감소하여 궁금해 찾아왔습니다. 저희 물품에 무슨 문제라도 있습니까?
> • 이○○ 과장 : 사장님께서 지난 5년간 계속 납품해주고 계시는 것에 저희는 정말 만족하고 있습니다. 그런데 아시다시피 요즘 들어서 경기가 침체되어 저희 내부에서도 비용 절감운동을 하고 있어요. 그래서 개인책상 및 서랍 정리를 통해 사용 가능한 종이와 펜들이 많이 수거되었지요. 아마 그런 이유 때문이 아닐까요?
> • 오피스 용품 사장 : 그렇군요. 그런데 얼마 전 저희에게 주문하시던 복사용지를 다른 업체에서도 견적서를 받으신 것을 우연히 알게 되었습니다. 저희 복사용지에 어떤 하자가 있었나요?
> • 이○○ 과장 : 사실 회사의 임원께서 복사용지의 비용이 너무 높다는 지적을 하셨습니다. 그래서 가격비교 차원에서 다른 업체의 견적서를 받아 본 것입니다.

① 오래된 거래업체라고 해도 가끔 상호관계와 서비스에 대해 교차점검을 하는 것이 좋다.
② 유사 서비스를 제공하는 업체는 많으므로 늘 가격 및 서비스 비교를 통해 업체를 자주 변경하는 것이 유리하다.
③ 사내 임원이나 동료의 추천으로 거래처를 소개받았을 경우에는 기존의 거래처에서 변경하는 것이 좋다.
④ 한 번 선정된 업체는 가급적 변경하지 않고 동일 조건하에 계속 거래를 유지하는 것이 가장 바람직하다.

55 **다음 중 상대방을 설득하는 방법으로 가장 적절하지 않은 것은?**

① 상대방의 말을 중간에서 자르지 않고 끝까지 듣고 얘기한다.
② 상대방의 잘못을 노골적으로 지적하지 않는다.
③ 이해관계가 직접적으로 얽히지 않는 제3자를 통해 말하는 것이 효과적일 수도 있다.
④ 논쟁(Argument)을 적극적으로 유도한다.

56 **조직 내 갈등에 대한 설명으로 적절하지 않은 것은?**

① 갈등상황을 형성하는 구성요소로서는 구성원의 특성, 조직의 규모와 목표, 의사전달 및 결정 문제, 권력구조, 보상제도 등이 있다.

② 갈등은 직무의 명확한 규정, 직위 간 관계의 구체적 규정, 직위에 적합한 인원의 선발 및 훈련 등을 통해서 제거될 수 있다.

③ 갈등은 순기능이 없기 때문에 조직 내에서는 갈등이 없는 상태가 가장 이상적이다.

④ 갈등의 회피에는 갈등을 야기할 수 있는 의사결정을 보류하거나 갈등상황에 처한 당사자들이 접촉을 피하도록 하는 것, 갈등 행동을 억압하는 것이 있다.

57 실속과 품격을 우선적으로 따지기로 유명한 H 회사에서 새로운 기계를 구매하기 위해 검토 중이라는 소문을 B 회사 영업사원인 귀하가 입수했다. H 회사 구매 담당자인 고○○ 상무는 회사 방침에 따라 실속(가격)이 최우선이고 그 다음이 품격(디자인)이며, 구입하려는 기계의 제작사들이 비슷한 기술력을 가지고 있기 때문에 성능은 다 같다고 생각하고 있다. 따라서 사후관리(AS)를 성능보다 우선시하고 있다고 한다. 귀하는 오늘 경쟁 회사와 자사 기계에 대한 [종합 평가서]를 참고하여 고○○ 상무를 설득할 계획이다. 귀하가 고○○ 상무에게 할 수 있는 설명으로 옳지 않은 것은?

[종합 평가서]

구분	A	B	C	D	E	F
성능(높은 순)	1	4	2	3	6	5
디자인(평가가 좋은 순)	3	1	2	4	5	6
가격(낮은 순)	1	3	5	6	4	2
AS 특징(신속하고 철저한 순)	6	2	5	3	1	4

※ 숫자는 순위를 나타낸다.

① A 사 제품은 가격은 가장 저렴하나 AS가 늦고 철저하지 않습니다. 우리 제품을 사면 제품 구입 비용은 A사보다 많이 들어가지만 몇 년 운용을 해보면 AS 지체 비용으로 인한 손실액이 A 사보다 적기 때문에 실제적으로 이익입니다.

② C 사 제품보다는 우리 제품이 가격이나 디자인에서 우수하고, AS 또한 빠르고 정확하기 때문에 비교할 바가 못 됩니다. 성능이 우리 제품보다 조금 낫다고는 하나, 사실 이 기계의 성능은 서로 비슷하기 때문에 우리 회사 제품이 월등하다고 볼 수 있습니다.

③ E 사 제품은 AS 면에서 가장 좋은 평가를 받고 있으나 성능 면에서 가장 뒤처지기 때문에 고려할 가치가 없습니다. 특히 AS가 잘 되어 있다는 것은 오히려 성능이 뒤떨어져서 일어나는 사인이기 때문에 재고할 가치가 없습니다.

④ D 사 제품은 먼저 가격이나 디자인, AS 면에서 우리 제품을 따라올 수 없습니다. 성능도 비슷하기 때문에 결코 우리 제품과 견줄 것이 못 됩니다.

58 K 종합건설은 [조건]에 따라 건설 자재를 구매하고자 한다. (가)안과 (나)안의 비용 차이는 얼마인가?

구분	(가)안		(나)안	
	1분기	2분기	1분기	2분기
분기별 소요량	30	50	30	50
분기별 구매량	40	40	60	20
자재구매단가	7,000원	10,000원	7,000원	10,000원

[조 건]

- 1, 2분기 동안 80개의 자재를 구매한다.
- 자재의 분기당 재고 관리비는 개당 1,000원이다.
- 자재는 묶음 단위로만 구매할 수 있고, 한 묶음은 20개이다.

① 3만 원 ② 4만 원 ③ 5만 원 ④ 6만 원

59 현재 K 기업은 제품을 순회배송(서울 → 광주 → 부산 → 서울)하고 있으며, 배송당 1만 개의 제품을 운송하고 있다. 향후 대전에 Hub 물류센터를 구축하여 순회배송망(서울 → 대전 → 광주 → 대전 → 부산 → 대전 → 서울)을 구축할 예정이다. 이에 관한 설명으로 옳지 <u>않은</u> 것은?(단, 숫자는 제품 단위별 운송비(원)이며, 화살표는 이동방향이다)

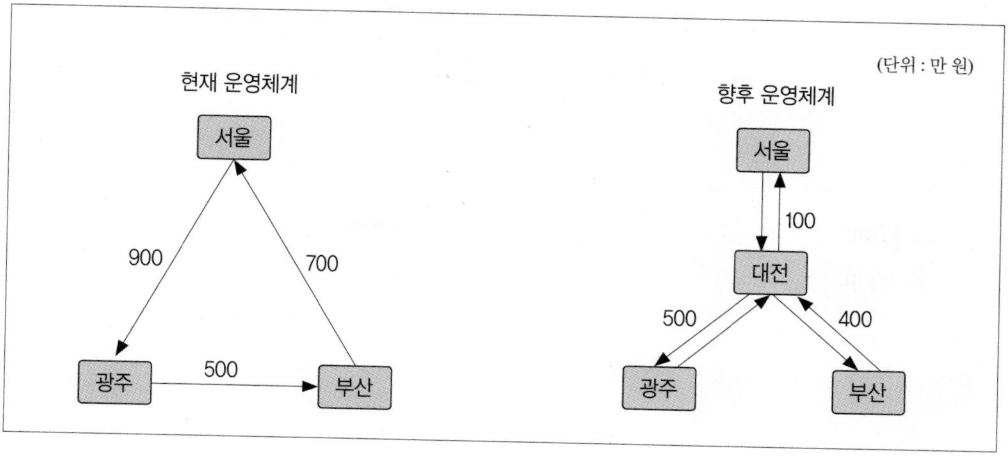

① 향후 서울 → 광주의 제품 단위별 운송비는 900만 원에서 600만 원으로 300만 원 절감된다.
② 현재 1회 순회배송 시 전체 운송비는 2,100만 원이다.
③ 향후 부산 → 서울의 제품 단위별 운송비는 700만 원에서 500만 원으로 200만 원 절감된다.
④ 향후 1회 순회배송 시 전체 운송비는 1,900만 원이 된다.

60 다음 표와 같이 각 지점별 수요량과 공급량, 지점 간 수송비용이 주어졌을 경우, 최소 총 수송비는? (단, 표 안의 숫자는 톤당 수송비용을 나타낸다)

공급지 \ 수요지	A	B	C	D	공급 합계
X	7만 원	9만 원	6만 원	5만 원	70톤
Y	5만 원	8만 원	7만 원	6만 원	100톤
Z	6만 원	7만 원	9만 원	8만 원	80톤
수요 합계	100톤	80톤	50톤	20톤	250톤

① 1,460만 원
② 1,510만 원
③ 1,530만 원
④ 1,640만 원

61 다음 네트워크의 모형에서 출발지 A에서 도착지 G까지 최단경로로 산출된 거리는 얼마인가? (단, 각 구간별 숫자는 거리(km)를 나타낸다)

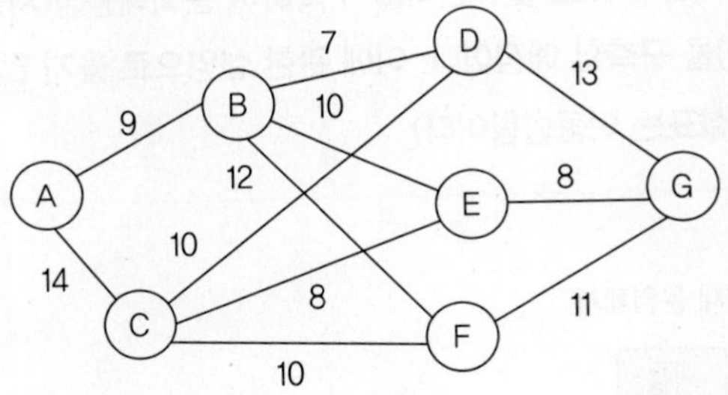

① 17km
② 19km
③ 22km
④ 27km

62 다음 네트워크에서 각 운송로의 숫자는 각 운송로에 대한 최대 운송 용량(톤)을 나타낸다. 출발지 S에서 목적지 F로 최대로 운송할 수 있는 운송량은?(단, 모든 운송로의 거리는 같고 최단거리로 운송한다)

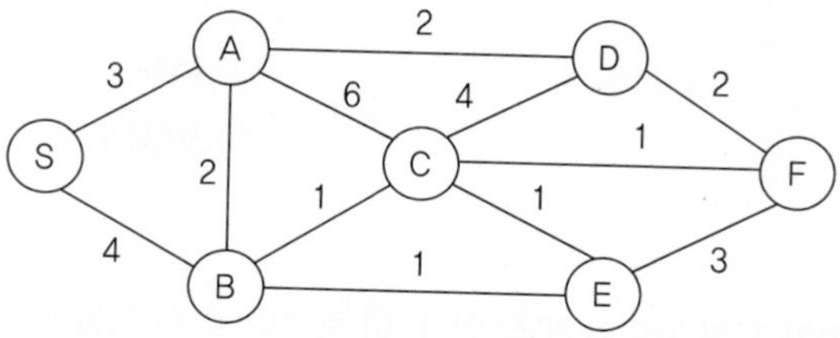

① 4톤
② 5톤
③ 7톤
④ 8톤

63 서울에서 광주까지 편도운송을 하는 K 사의 화물트럭 운행상황이다. 만약, 적재효율을 기존의 1,000상자에서 1,200상자로 높여 운행 횟수를 줄이고자 한다면, K 사가 얻을 수 있는 월 수송비 절감액은?

[K사 화물트럭 운행사항]

- 차량 운행대수 : 4대
- 1대당 1일 운행횟수 : 3회
- 1대당 1회 수송비 : 100,000원
- 월 운행일수 : 25일

① 3,500,000원
② 4,000,000원
③ 4,500,000원
④ 5,000,000원
⑤ 6,000,000원

64 C 사 지게차의 평균 적재 운반거리는 200m, 평균 공차 이동거리는 200m이다. 적재와 하역 시간은 각각 30초, 속도는 6km/h일 때 하역장에서 1분당 1회의 운반을 위해 필요한 지게차의 총 소요대수는?

① 5대
② 6대
③ 7대
④ 8대

65 K 은행 인사부서에서는 얼마 전 승진 평가 시험이 있었다. 80명의 응시자 중에서 70%의 인원이 1차 시험을 통과하였고, 그 중 $\frac{3}{4}$의 인원이 2차 시험을 통과하였다. 마지막 3차 시험에서 18명을 제외한 인원이 최종 승진에 합격했다면, 승진한 사람은 처음 80명 중 몇 %인가?

① 10%
② 15%
③ 20%
④ 30%

66 1에서 20까지 숫자가 적힌 카드가 20장 있다. 이 중 임의로 한 장을 뽑을 때, 4의 배수이거나 5의 배수일 확률은?

① $\frac{9}{20}$
② $\frac{2}{5}$
③ $\frac{1}{9}$
④ $\frac{1}{3}$

[67~70] 다음은 계란을 생산하고 있는 K 기업의 생산 과정을 나타낸 것이다. 생산 공정에서의 혁신으로 비용을 절감하고 생산성을 높이려고 할 때, 이어지는 질문에 답하시오.

[계란의 생산과정]

세척 → 원란 검사 → 1차 Test → 혈반 검사 → 2차 Test → 포장

〈단계별 불량률〉

단계	1회 공정당 불량률(%)
1차 Test	40
2차 Test	10

〈비용 개선 이후 단계별 투입비용〉

구 분	계란 1단위 생산 비용(원)	
	개선 전	개선 후
세척	10	8
원란 검사	25	20
1차 Test	20	20
혈반 검사	30	20
2차 Test	20	10
포장	15	10

67 K 기업의 하루 계란 출고 예정량은 270개이다. 계란을 생산하는 과정에서 불량으로 취급되는 계란을 제외하고 정상품을 270개 만들어내기 위해서 K 기업이 생산 공정 처음에 투입해야 하는 계란의 개수는?

① 500개　　② 580개
③ 600개　　④ 620개

68 비용 개선을 위한 혁신 이후에 계란 1단위를 만들어내는 총 비용은 얼마나 감소하였는가?

① 26원　　② 28원
③ 32원　　④ 34원

69 K 기업의 생산 공정 혁신으로 기존의 생산 공정과 비교하여 계란 1단위의 생산 비용을 비교할 때 총 비용의 감소율은?(단, 불량품은 발생하지 않는다고 가정하며, 소수점 첫째 자리에서 반올림한다)

① 26%　　② 27%
③ 28%　　④ 29%

70 생산 공정 단계의 비용 평가기준과 평가표이다. 각 단계에 들어갈 평가가 올바르지 않은 것은?

개선 비용 평가기준(원)	평가
11~13	A
9~10	B
6~8	C
3~5	D
0~2	E

① 세척단계 – E　　② 원란 검사 – D
③ 1차 Test – E　　④ 혈반 검사 – C

IBK

기업은행 NCS 직업기초능력평가 직무수행능력평가

Industrial Bank of Korea

PART 5

면 접

면 접

01 면접이란 무엇인가?

거의 모든 기업들의 채용절차에는 '면접'이 필수적으로 포함이 되어 있다. 서류전형을 통해 1차적 검증을 하지만 서류로는 더 많은 것을 파악하기 어렵기 때문이다. 가령 우리가 소개팅을 한다고 가정해 보자. 과연 문자 메시지와 전화통화만으로 상대방을 파악해서 그 이후를 결정지을 수 있을까? 면접은 사람과 사람이 나누는 대화이며, 기업에 적합한 인재인지를 파악하고 지원자의 입장에서는 입사하고 싶은 회사인가를 파악하는 단계이다. 최종 합격을 위한 채용단계라고 생각하면 된다.

02 IBK 기업은행의 면접 유형

IBK 기업은행의 면접은 합숙 면접과 임원 면접으로 진행이 된다. 서류전형, 필기시험을 합격한 지원자에 한해 면접의 기회가 주어지고, 1박 2일 동안 합숙 면접을 한 후 임원 면접을 진행한다. 이렇게 두 번의 면접을 진행하고 나면 최종 합격자가 결정된다.

1. 1박 2일 합숙 면접 파헤치기

합숙 면접의 큰 틀은 처음에 자유형식의 자기소개를 하고 그 다음에는 팀을 나누어 진행된다. 팀별 협상 면접, 개인이 면접관에게 랜덤으로 선택된 상품 및 서비스를 판매하는 세일즈 면접, 토론 면접, 개인 면접이 있다. 각 팀별로는 임직원이 계속 함께 하면서 지원자들의 태도나 역량을 평가한다. 그러므로 긴장을 늦추어서는 안 된다. 그 안에서 하는 모든 말이나 행동이 평가받을 수 있기 때문이다.

(1) 자유형식의 자기소개

스펙에 상관없이 본인의 개성과 역량을 자유롭게 PR하는 시간이다. 사전에 주제가 정해진다면 그 주제에 맞게 준비해오는 것이 당연하다. IBK 기업은행 내에서 사전에 주제를 제시했는데 준비해오지 않는다면 자질이 부족한 지원자로 판단한다.

초반에 진행되는 자기소개를 통하여 합숙 일정 동안의 본인 캐릭터가 정해진다고 생각하면 된다. 만

약 자기소개에서 굉장히 카리스마 있는 리더의 모습을 보여줬는데 이후 진행되는 과정에서 그렇지 못한 모습을 보인다면 이 또한 감점의 요인이 될 수 있다. 합숙 면접의 포인트는 일관성이므로, 초반 자기소개에서 나만의 분명한 장점을 보여줘야 한다.

평상시 내 모습이 내성적이라고 해도 억지로 활발한 사람인 척할 필요는 없다. 적극적이지 않더라도 집중도나 분석력이 좋을 수 있다. IBK 기업은행에서 특별히 선호하는 스타일은 따로 없다. 평상시 자신의 모습을 장점으로 활용하자.

(2) 세일즈 면접

ex) 제시된 3개의 IPTV 서비스 중에 면접관의 상황에 알맞는 서비스를 판매하시오.

위와 같이 세일즈에 관한 주제를 제시해준다. 문제지에는 문제와 관련된 설명이 제시되어 있고 이를 8분 동안 숙지한 후 면접관과의 면접이 진행된다. 면접관의 상황은 지원자마다 다르다. 면접관과의 대화를 통해 상대방의 상황을 유추하고 가장 필요한 상품을 제공하는 방식이다.

금융업무는 고객을 파악하고 그에 맞는 적절한 상품을 제시하는 업무가 많은 비중을 차지한다. 무작정 상품의 장점만을 어필하는 것이 아니라 상대방과의 대화를 잘 이끌어 최적의 상품을 제시하는 것이 관건이다. 세일즈 면접을 통해서는 유연한 소통의 방식과 고객을 파악할 수 있는 분석력을 판단할 수 있다.

유연한 소통의 방법 첫 번째는 '경청'의 자세이다. 부담스럽지 않은 질문을 제시함으로써 고객의 이야기를 이끌어내고 경청하는 것이다. 내 이야기만 한다면 고객의 입장에서는 부담스러울 것이다.

두 번째는 '공감'의 자세이다. 직원과 고객 사이의 벽을 허무는 것이 공감이다. 서로의 상황과 입장을 이해할 수 있게 된다면 보이지 않는 벽은 허물어지기 마련이다. 내 흐름대로 고객이 따라오지 않는다고 해서 무작정 부정하는 것은 위험요소가 크다. 고객의 말에 공감함으로써 고객이 마음을 열고 내 흐름을 따라오도록 하는 것이 좋다.

(3) 팀 프로젝트

팀 프로젝트는 팀별로 과제에 대한 해결방안을 도출하는 방식이다. 팀 프로젝트에서 중요한 요소는 다음과 같다.

첫 번째로는 '역할'이다. 팀장을 맡는다고 해서 높은 점수를 받는가? 절대 아니다. 우리가 IBK 기업은행에 입사한다고 생각해보자. 팀장으로 시작하나? 사원으로 시작하는 것이 당연하다. 팀으로 진행되는 면접에서는 팀장이라고 해서 유리한 것이 아니라, 각자 맡은 자리에서 어떠한 역량을 보여주는지가 중요하다. 자신이 대학생활을 해오면서 가장 장점이 극대화되었던 역할이 무엇인지를 떠올려보라. 팀을 이끄는 리더십인지, 팀원들의 사기를 올려주는 에너지인지, 객관적 내용을 통해 프로젝트를 진행하는 조사형인지, 본인이 가장 잘할 수 있는 역할을 맡는다면 효율적으로 프로젝트를 진행할 수 있다.

두 번째로는 '긍정적 에너지'이다. 기업에서 팀 프로젝트 면접을 진행하는 이유는 실무에서도 팀 단위로 진행되는 업무가 많기 때문이다. 그렇기에 사전에 이 지원자가 어떻게 팀에 융화되는지를 보는 것이다. 그런데 만약 우울하고 무작정 부정적이기만 하다면 어떻겠는가? 많은 업무로 인해 지쳐가는 상황에서는 팀원들을 더욱 지치게 만든다. 다른 팀원들에 비해 지식이 부족하거나 자료 제작에 미흡하더라도 밝고 긍정적인 에너지를 줄 수 있다면 그것만으로도 충분히 훌륭한 지원자다. 팀 프로젝트는 미리 겪는 실무 경험이라고 생각하고 임해야 한다.

(4) 상황 면접(Role-Playing)

은행에서 일을 하다보면 예기치 못한 상황에 많이 처하게 된다. 만약 그런 상황에서 해결을 잘 해나간다면 위기대처능력이 뛰어난 직원으로 인정받고, 그렇지 못하면 능력이 떨어지는 직원으로 낙인이 찍힐 수 있다.

상황 면접은 실제 업무 수행 중 일어날 수 있는 환경을 제시하고 적절한 대처능력이 있는지를 판단하는 면접이다. 4분 동안 고객과 은행원으로 롤 플레잉하는 방식으로 진행이 된다. 상황 면접에 대비하기 위해서는 직접 고객 서비스를 수행하는 모습을 보는 것이 가장 효과적이다. 직접 은행에 가서 실제 직원들이 고객을 어떻게 응대하는지, 특수한 상황에는 어떤 것들이 있는지를 미리 파악하고 머릿속에 시뮬레이션을 한다면 실전에서 충분한 역량을 보여줄 수 있다. 각 은행마다 매뉴얼이 다르기 때문에 IBK 기업은행의 스타일을 익혀놓는 것이 중요하다.

※ 기출 질문

① 대출기한 연장에 대한 안내를 받지 못하여 기한 연장을 하지 못하고 대출금을 갚아야 하는 상황에 놓인 고객이 항의전화를 해온다면 어떻게 응대하겠는가?

② 점심시간에 내점한 고객이 점심식사로 인해 자리를 비운 행원들 때문에 업무처리가 늦다고 항의를 한다면 어떻게 응대하겠는가?

(5) 토론 면접

토론 면접은 금융권에 국한되지 않은 주제를 가지고 찬반을 나눠 3 : 3 혹은 4 : 4로 토론을 진행한다. 새로운 아이디어를 도출하거나 새로운 방안을 마련하기 위해서는 팀원 간의 의사소통이 필수적이다. 토론 면접에서는 자신의 주장을 논리정연하게 상대방에게 전달하여 좋은 의견을 만들어내는 것이

관건이다.

토론 면접을 하다 보면 본인의 의사와 다른 편에 있는 지원자에게 감정적으로 접근하는 경우가 꽤나 많다. 하지만 토론에서는 내 주장을 내세우는 것도 중요하지만, 상대방의 말을 경청하고 이를 활용할 수 있어야 한다.

※ 기출문제

① 전교조 명단 공개
② 행정수도 이전
③ 기업의 영어 공용화
④ 선행학습 금지법
⑤ 카카오 대리운전의 산업 진출
⑥ 분양 원가 공개
⑦ 정년 연장

(6) 개별 면접

개별 면접은 역량 면접으로 진행이 된다. 다른 면접은 직장 내에서 직원들 상호 간의 화합이나 조직 적응력을 보려는 의도가 강하지만, 개별 면접은 지원자의 역량을 심층적으로 평가하는 시간이다.

개별 면접에서 가장 기본은 밝은 자세, 긍정적 에너지이다. 은행은 고객을 상대하는 일이 주요 업무이다 보니 밝은 에너지를 가진 사람을 원한다.

※ 기출 질문

① 자기소개를 해주세요.
② 지원동기가 무엇인가요?
③ 리더십을 발휘한 사례를 말해보세요.
④ 전공 관련 질문
⑤ 존경하는 인물과 그 인물을 존경하는 이유를 말해보세요.
⑥ 행원이 되면 어떻게 영업활동을 할 것인지 말해보세요.

(7) 개인 PT

개인 PT는 민원상황, 상품설명, 사자성어, 기업은행의 핵심가치와 인재상 등을 주제로 1가지를 선택하여 개인별로 팀원들 앞에서 수행한다. 준비시간은 10분이고, 약 4분 동안 발표를 하게 된다.

(8) 팀 대결 협상 면접

팀 대결 협상 면접은 6명이 한 팀으로 구성되어 상대 팀과 협상을 펼치는 면접이다. 협상을 통해 기준별 얻을 수 있는 점수가 다르다. 출제되었던 주제로는 한 팀은 대학교, 한 팀은 은행이 되어 ATM 설치 대수, 대학교가 은행에 맡기는 금액의 크기, 은행이 대학교에 주는 장학금의 크기 등을 기준으로 삼고 협상을 하는 것이 있다. 상대방 측의 가중치는 협상 토론을 통하여 유추해내야 한다. 여기에서 중요한 점은 모든 면에서 우위를 점하려고 하는 것보다 내줄 것은 내주되, 더 큰 것을 얻을 수 있도록 협상의 흐름을 가져가는 것이다.

2. 임원 면접(역량 면접)

임원 면접은 임원진 4명과 지원자 9~10명이 함께 하며, 서류전형에서 제출했던 자기소개서 내용을 바탕으로 인성과 직무 이해 등을 평가한다. IBK 기업은행 경영진들이 직접 참여하는 면접으로, 자기소개서의 내용과 일관성 있는 모습을 보이는 것이 중요하다.

면접 질문은 임원진들의 재량으로 물어보기 때문에 명확하게 파악하기는 힘들다. 하지만 제출했던 자기소개서를 통한 질문이 가장 큰 비중을 차지하기 때문에, 본인의 자기소개서를 통해 예상 질문을 만들어 연습하는 것이 필요하다.

※ 기출 질문

① 옆의 지원자에 대해 평가해보세요.

② 합숙 면접 기간 동안 같은 팀의 팀원들 중에 가장 잘했던 사람은 누구였나요?

③ 합숙 면접 기간 동안 같은 팀의 팀원들 중에 같이 일하고 싶었던 사람은 누구인가요? 그 이유는 무엇인가요?

④ 자기소개

⑤ IBK 기업은행을 지원한 동기는 무엇인가요?

⑥ 언제부터 행원을 목표로 준비했나요?

⑦ IBK 기업은행에 들어오기 위해 어떠한 노력을 하였나요?

⑧ IBK 기업은행에 대해 아는 것을 말해보세요.

⑨ 학창시절 가장 힘들었던 일은 무엇인가요?

⑩ 자신의 장단점에 대해 말해보세요.

THE SMART!

참! 좋은 은행
IBK기업은행

IBK기업은행 NCS 직업기초능력평가 직무수행능력평가

정답 및 해설

NCS

대한민국 대표브랜드
국가자격 시험문제 전문출판
에듀크라운
국가자격시험문제 전문출판
http://www.crownbook.com

최고의 적중률!! 최고의 합격률!!
크라운출판사
국가자격시험문제 전문출판
http://www.crownbook.com

IBK

Industrial Bank of Korea

기업은행 NCS 직업기초능력평가 직무수행능력평가

PART

2

NCS 직무수행능력평가 기출예상문제 정답 및 해설

I

B

K

취업시험 합격의 신화 에듀크라운

Chapter 01 일반 분야

01	02	03	04	05	06	07	08	09	10
④	①	②	①	③	②	③	④	①	④
11	12	13	14	15	16	17	18	19	20
②	③	①	②	④	③	①	②	②	③
21	22	23	24	25	26	27	28	29	30
①	④	③	①	③	④	④	④	①	④

01 ④

① 소득이 증가하면 재화에 대한 수요가 증가한다. 그러나 수요의 증가와 수요량의 증가는 구분되어야 한다. 만약 소득이 아니고 가격이 하락해 수요량이 증가한다면 맞는 말이다.

② 휘발유와 자동차는 보완재 관계이므로 휘발유의 값이 오르면 자동차의 수요는 감소하게 된다.

③ 반도체 가격이 하락하면 개인용 컴퓨터의 공급곡선이 우하방으로 이동한다.

02 ①

총효용과 한계효용의 관계

- 한계효용이 0보다 클 때 : 총효용은 증가한다.
- 한계효용이 0일 때 : 총효용은 극대가 된다.
- 한계효용이 0보다 작을 때 : 총효용은 감소한다.

03 ②

무차별곡선은 동일만족곡선으로, 개인의 동일한 만족이나 효용을 나타낸다.

04 ①

슬럼플레이션(slumpflation) : 불황을 의미하는 슬럼프(slump)와 인플레이션(inflation)의 합성어로 불황하에서도 인플레이션 수습이 안 되는 것을 의미한다. 스태그플레이션에 비해서 경기의 침체가 더욱 심한 상태를 말한다.

05 ③

단기공급곡선이 우상향하는 부분에서 이 기업은 손실을 볼 수도 있다.

06 ②

노동 1단위 가격이 토지 1단위 가격의 3배이므로 노동의 한계생산이 토지의 한계생산성의 3배가 되어야만 한계생산균등법칙이 충족된다.

07 ③

파레토 효율성이란 어떤 경제주체가 새로운 거래를 통해 예전보다 유리해지기 위해서는 반드시 다른 경제주체가 예전보다 불리해져야만 하는 자원배분상태를 의미한다. 이러한 의미로서 파레토 효율성은 사회후생의 극대화 원리를 설명하는 이론이다.

08 ④

WTO는 다국가를 상대로 공통적인 문제를 논하는 다자주의, 개방적인 성격의 조직인 반면 나머지는 관세철폐 등의 조약체결을 각 대상국씩 진행하며 지역주의적이고 폐쇄적이라고 볼 수 있다.

09 ①

연착륙은 경제에서는 급격한 경기침체나 실업증가를 일으키지 않으면서 경제성장률을 낮추는 것을 의미한다. 즉 경기가 팽창(활황)에서 수축(불황)국면으로 접어들 때 기업은 매출이 줄고 투자심리가 위축돼 결국 감원으로 연결되고, 가계는 실질소득이 감소해 소비를 줄이고 저축을 꺼리게 되는데 연착륙은 이 같은 부작용을 최소화하자는 것이다.

10 ④

④의 경우는 가격차별로서 비대칭적 정보의 상황과는 무관하다.

11 ②

ROE(Return On Equity)는 기업이 자기자본(주주지분)을 활용해 1년간 얼마를 벌어들였는가를 나타내는 대표적인 수익성 지표로 당기순이익을 평균 자기자본으로 나눈 값에 100을 곱한 수치이다.

① PBR(Price Book-value Ratio) : 주가를 한주당 순자산으로 나눈 것으로, 주가순자산비율이라고 한다. 주가가 순자산에 비해 1주당 몇 배로 거래되고 있는지를 측정하는 지표이다.

③ PER(Price Earning Ratio) : 현재 주가를 주당이익으로 나눈 것으로, 주가수익률이라고 한다. 주식의 가격이 비싼지, 주식시장이 거품인지 등을 판단하는 지표로도 사용된다.

④ ROA(Return On Assets) : 기업의 일정 기간 순이익을 자산총액으로 나누어 계산한 수치로, 총자

산순이익률이라고 한다. 기업의 총자산에서 당기순이익을 얼마나 올렸는지 판단하는 지표로 사용된다.

12 ③

플랫폼 경제 : 인터넷 기술의 발전으로 네트워크상에서 기업과 소비자를 연결하는 디지털 플랫폼이 출현하였다. 이러한 디지털 플랫폼을 기반으로 상품 및 서비스의 공급자와 수요자가 거래하는 경제 활동을 플랫폼 경제라고 한다. 2017년에는 정보통신기술의 융합을 기반으로 이루어지는 4차 산업혁명을 통해 경제 및 사회 전반적으로 더욱 다양한 변화가 가시화될 전망이다. 이에 따라 플랫폼 경제의 성장을 견인하는 디지털 플랫폼 기업들 역시 급속한 성장이 예상된다.

13 ①

② ETF : 상장지수펀드로 특정지수를 모방한 포트폴리오를 구성하여 산출된 가격을 상장시킴으로써 주식처럼 자유롭게 거래되도록 설계된 지수상품이다.

③ ELD : 주가지수연동예금이라고도 하며 수익이 주가지수의 변동에 연계해서 결정되는 은행 판매 예금이다. 고객의 투자자금은 정기예금에 넣고 창출되는 이자만 파생상품에 투자하여 추가 수익을 낸다.

④ ELW : 주식워런트증권이라고도 하며 특정 대상물(기초자산)을 사전에 정한 미래의 시기(만기일 또는 행사기간)에 미리 정한 가격(행사가격)으로 살 수 있거나 팔 수 있는 권리를 갖는 유가증권을 말한다.

14 ②

시장의 수요와 공급이 시차 등으로 인해 즉각적으로 반응하지 못하고, 주기적인 급등과 급락 변동이 일어나는 현상을 설명하는 것이 거미집 모형이다. 주로 수요와 공급초과가 반복되는 부동산 시장, 농산물 시장 등에서 강하게 나타난다.

15 ④

스프롤(Sprawl) 현상은 도시의 급격한 발전 등으로 도시 주변이 질서 없이 확대되는 현상으로 한국에서는 1970년에 많이 발생하였다. 이에 대한 대책으론 옳은 도시계획에 의한 인구 분산, 산업구조의 재배치 등이 있다.

① 공동화 현상, ② 도넛화 현상 : 도시 중심부의 상주인구가 감소하고 도시 주변에 인구가 뚜렷하게 증가하는 현상이다.

③ J턴 현상 : 지방에서 대도시로 취직한 근로자가 대도시와 출신지 사이에 위치한 중소지방 도시에 취직하는 노동력의 이동 현상을 말한다.

16 ③

① 베블런 효과 : 가격이 오르는데도 일부 계층의 과시욕이나 허영심 등으로 인해 수요가 줄어들지 않는 현상

③ 백로 효과 : 특정 상품에 대한 소비가 증가해 희소성이 떨어지면 그에 대한 수요가 줄어드는 소비 현상으로 남들이 구입하기 어려운 값비싼 상품을 보면 오히려 사고 싶어 하는 속물근성에서 유래했다. 소비자가 제품을 구매할 때 자신은 남과 다르다는 생각을 하는 것을 우아한 백로에 빗댄 것으로, 속물을 뜻하는 영어인 snob을 사용해 스놉효과라고도 한다.

④ 언더독 효과 : 개싸움에서 밑에 깔린 개가 이겨주기를 바라는 것처럼 경쟁에서 뒤지는 사람에게 동정표가 몰리는 현상

---

17 ①

① 마태효과 : 갈수록 심화되고 있는 빈익부 부익부 현상을 가리키는 용어

• 전시효과 : 사람들이 더 높은 소득층의 소비수준에 이끌려 경제적 여유가 생기면 소비를 늘리는 경향, 과시효과, 시위효과, 데모효과라고도 하며 고도 성장기의 내구소비재 붐 등은 이 효과에 의존하는 면이 크다. 또한 메스컴이나 대기업의 PR에도 많은 영향을 받고 있다.

---

18 ②

데이터 커머스 : 구매이력, 상품정보, 인구통계학 데이터, 방송 시청 데이터 등 수백 가지의 분할된 데이터를 정밀분석하여 개인에게 맞는 상품을 모바일, TV 상에서 편리하게 쇼핑하도록 유도하는 것이다. 최근에는 개인 라이프스타일에 맞는 단말, 시간대, 콘텐츠별로 상품을 추천하고, 기업과 연결시켜 주는 중개 플랫폼으로 진화하고 있다.

---

19 ②

랩어카운트(wrap account)란 증권회사가 투자자의 투자성향과 투자목적 등을 정밀하게 분석한 후 고객에게 맞도록 가장 적합한 포트폴리오를 추천하고 일정한 보수를 받는 종합자산관리계좌이다.

---

20 ③

재산권이 명확하게 설정되어 있고 거래비용이 적다면 외부성에 대한 재산권이 귀속 여부에 관계없이 당사자 간의 자발적인 협상에 의해 해결 가능하다는 것이 코즈의 정리이다. 대성이가 흡연권유를 진우가 허용하면 10,000원의 효용을 상실하지만 11,000원을 받기 때문에 진우는 제안을 받아들일 수 있다.

---

21 ①

자연법은 시대와 장소를 초월하여 보편타당하게 받아들여지는 법을 일컫는다. 이에 따르면 개인의 자

유와 권리를 보장하는 것은 특별히 법에 명문의 규정이 없더라도 국가와 법질서가 당연히 해야 할 역할이다. 따라서 자연법은 형식적 법치주의가 아닌 실질적 법치주의를 지향한다.

22 ④

매매, 상속 등은 상대적 취득이며, 원시적 취득에는 유실물 습득, 무주물 선점 등이 있다.

23 ③

긴급재정경제처분, 긴급재정경제명령권(헌법 제76조 제1항)은 중대한 재정, 경제상의 위기에 있어서 국가안전보장 또는 공공의 안녕질서를 유지하기 위해 국무총리가 아닌 대통령이 행하는 재정, 경제상의 처분이다.

24 ①

시국선언 : 정치 또는 사회적으로 큰 혼란이 있거나 심각한 문제가 있다고 판단될 때 지식인이나 종교계 인사 등이 한날한시에 정해진 장소에 모여 현안에 대한 우려를 표명하고 사태 해결을 촉구하는 것을 말한다.

25 ③

선거의 4대 원칙 : 보통선거, 평등선거, 직접선거, 비밀선거의 4대 원칙에 자유선거의 원칙을 덧붙여 선거의 5원칙이라 하기도 한다.

26 ④

레임덕 현상 : 공직자의 임기 말 권력누수 현상을 일컫는 말이다. '레임'의 사전적 의미는 '다리를 저는, 절름발이의'로 레임덕이란 임기만료를 앞둔 공직자의 통치력 저하를 '절름발이 오리'에 비유한 것이다.

27 ④

감사원장은 1회에 걸쳐 중임이 가능하고, 헌법재판소 재판관은 법률이 정하는 바에 따라 연임이 가능하다. 대법원장의 경우 헌법 제105조 제1항에서 중임할 수 없다고 규정하고 있다.

28 ④

Lowi는 정책 유형을 구성정책, 배분정책, 규제정책, 재배분정책으로 구분하였으며 정책결정과정은 정책 유형에 의해 결정된다고 보았다. 재산이나 권리를 많이 소유한 집단에서 그렇지 않은 집단으로 이전시키는 것은 재배분정책에 대한 내용이다. 재배분정책은 가진 자의 부를 서민에게 배분하는 정책이며 기득권자들의 저항이 심하기 때문에 집행이 수월하지 않다.

29 ①

우리나라의 옴부즈맨 제도인 국민권익위원회는 법률상 기관이며, 헌법상 기관은 아니다.

30 ④

국민참여재판제도 : 2008년 1월부터 시행된 배심원 재판제도로 만20세 이상의 국민 가운데 무작위로 선정된 배심원들이 형사재판에 참여하여 유죄 · 무죄 평결을 내리지만 법적인 구속력은 없다.

Chapter 02 디지털 분야

01	02	03	04	05	06	07	08	09	10
①	④	③	①	③	①	④	③	①	①
11	12	13	14	15	16	17	18	19	20
③	③	②	④	③	④	①	④	③	④
21	22	23	24	25	26	27	28	29	30
②	④	④	①	④	②	②	④	③	①

01 ①

블록체인 기술은 누구나 열람할 수 있는 장부에 거래 내역을 투명하게 기록하고, 여러 대의 컴퓨터에 이를 복제해 저장하는 분산형 데이터 저장기술이다. 특히 중앙시스템을 거치지 않고도 거래가 안전하게 되도록 만드는 기술로, 당사자끼리 직접 거래를 하고, 그 거래를 모두가 감시하기 때문에 거래의 정당성이나 안정성을 높일 수 있다.

02 ④

① Blue Screen : 윈도우 기반 pc에서 하드웨어나 소프트웨어에 오류가 발생했을 때 나타나는 알림 페이지로, 파란색 바탕에 하얀 글씨 화면이 떠 블루 스크린이라고 한다.

② datagram : 패킷 교환망에서 취급되는 패킷의 일종으로 다른 패킷과는 독립으로 취급되며, 발신 단말에서 수신 단말에 이르는 경로를 결정하기 위한 정보를 내부에 포함하는 패킷이다.

③ Smart TV : TV에 인터넷 접속 기능을 결합하여 각종 앱을 설치해 웹 서핑 및 VOD 시청, SNS, 게임 등의 다양한 기능을 활용할 수 있는 다기능 TV이다.

03 ③

① FinTech : Finance(금융)와 Technology(기술)의 합성어로, 금융과 IT의 융합을 통한 금융서비스 및 산업의 변화를 통칭한다.

② AI(Artificial Intelligence) : 인간의 두뇌와 같이 컴퓨터 스스로 추론 · 학습 · 판단하면서 전문적인 작업을 하거나 인간 고유의 지식 활동을 하는 시스템이다.

④ IOT(internet of Things) : 사물에 센서를 부착해 실시간으로 데이터를 인터넷으로 주고받는 기술이나 환경을 일컫는다.

04 ①

AI 기술은 코드화할 수 없는 일에 적용하기 힘든 특징을 가지고 있다. 특히 '떼쓰는 아이 달래기'의 경우 예측불허의 돌발 상황이 많기 때문에, 단계별로 나누어 매뉴얼화하기에 어려워 적용하기 어렵다. 이 경우 일정의 알고리즘으로 특정해 자동화할 수 없기 때문이다.

05 ③

데이터 소스에서 데이터를 크리닝하고 통합하는 과정을 거쳐 데이터를 선별하고 변환한 후, 데이터 마이닝 과정을 거쳐 패턴을 찾아내고 표현한다(데이터 크리닝 → 데이터 선별과 전환 → 데이터 마이닝).

06 ①

정보통신 기술의 발전과 함께 기존 금융권 업무를 대체해 비용을 감소시키고 높은 서비스를 제공하는 FinTech가 관심을 받고 있다. 따라서 FinTech의 경우 비용의 감소와 수준 높은 서비스 제공이 가능하다.

07 ④

스트리밍(streaming) : 비디오, 오디오 자료를 사용자 PC에 파일의 형태로 내려받지 않고도 실시간으로 볼 수 있는 송출기술을 말한다.

08 ③

클라우드 컴퓨팅(colud computing) : 인터넷상의 서버에 정보를 영구적으로 저장하고, 이 정보를 데스크톱 · 노트북 · 스마트폰 등을 이용하여 언제 어디서나 정보를 사용할 수 있는 컴퓨터 환경을 말한다.

09 ①

② 하이퍼텍스트에 대한 설명이다.
③ 프로토콜에 대한 설명이다.
④ 아이핀에 대한 설명이다. TCP/IP는 서로 기종이 다른 컴퓨터 간의 통신을 위한 전송규약이다.

10 ①

안드로이드 법칙은 마이크로칩의 성능이 2년마다 두 배로 증가한다는 '무어의 법칙'에서 따온 말로 스마트폰 시장에서 제품수명주기가 빠르게 짧아지는 것을 이르는 말이다.

11 ③

① WCDMA : CDMA의 방식을 3G로 업그레이드한 기술방식

② Wi-Fi : 무선 접속 장치가 설치된 곳에서 전파나 적외선 전송 방식을 이용하여 일정 거리 안에서 무선 인터넷을 할 수 있는 근거리 통신망을 칭하는 기술

④ WiMax : 휴대 인터넷의 기술 표준을 목표로 인텔사가 주축이 되어 개발한 기술 방식

12 ③

각 마디(옥텟)의 숫자는 255(0~255)를 넘을 수 없다.

13 ②

캘린더 서비스 – 전자메일 서비스 – 클라우드 서비스

14 ④

제시된 내용은 IoT (Interner of things) 사물인터넷에 대한 설명이다.

15 ③

메타 검색엔진 : 자신의 데이터베이스를 가지고 있지 않고 다른 검색엔진을 이용하여 정보를 찾는 검색엔진

16 ④

여러 종류의 백신을 동시에 설치하여 검사하는 것은 바이러스 진단 및 방지에 있어 오히려 바람직하지 않은 방법이다.

17 ①

QR코드는 Quick Response Code로, 바코드보다 훨씬 많은 정보를 담을 수 있는 격자무늬의 2차원 코드이다.

18 ④

관계형 데이터베이스 : 일련의 정형화된 테이블로 구성된 데이터 항목의 집합체로, 데이터베이스 테이블을 재구성하지 않더라도 다양한 방법으로 데이터를 접근하거나 조합할 수 있다. 관계형 데이터베이스는 이용하기가 비교적 쉽고 확장이 용이하다는 장점이 있다.

19 ③

마이크로SD카드는 SD카드의 1/4 정도의 크기이다.

20 ④

EDI(Electronic Data Interchange) : 서로 다른 기업 또는 조직 간에 표준화된 상거래 서식 또는 공공 서식을 서로 합의한 통신 표준에 따라 컴퓨터 간에 교환하는 전달방식

21 ②

미국의 3대 방송사 : NBC, CBS, ABC

22 ④

④ 애드버토리얼 광고 : 신문 · 잡지기사 형태로 실리는 논설식 광고

• 키치 광고 : 신세대의 취향을 만족시키는 것으로 언뜻 보아서는 무슨 내용인지 알 수 없다.

23 ④

게이트키퍼가 뉴스를 취사선택하여 전달하는 것으로, 게이트키퍼의 가치관이 작용할 수 있다.

24 ①

퍼블리시티권에 대한 뚜렷한 법률 규정이 없지만, 저작권법에서 보호기간을 저자의 사망 후 70년으로 규정하고 있으므로, 사후 70년으로 유추적용하고 있다.

25 ④

노블레스 오블리주가 지도자층의 책임감을 요구하는 것이라면, 리세스 오블리주는 부자들의 부의 독식을 부정적으로 보며 사회적 책임을 강조하는 것을 말한다.

26 ②

불소추특권은 외국에 대하여 국가를 대표하는 지위에 있는 대통령의 신분과 권위를 유지하고 국가원수 직책의 원활한 수행을 보장하기 위함이다.

27 ②

권력분립 : 국가권력을 복수의 기관에 분산시켜 견제와 균형의 관계를 유지하여 권력의 남용을 막고 국민의 자유와 권리를 보장하려는 원리이다.

28 ④

헌법재판소 : 법률의 위헌 여부와 탄핵 및 정당해산에 관한 심판을 담당하는 국가기관으로, 현행 헌법상 위헌법률심판권, 탄핵심판권, 위헌정당해산심판권, 헌법소원심판권의 권한이 있다.

29 ③

UN에 등록된 단체는 UNICEF, UNESCO, UNCYTAD 등 천여 개가 넘으며, 국경을 초월하여 군축, 평화, 환경, 원조, 경제협력 등의 분야에서 활동하고 있다.

---

30 ①

현대사회의 세분화, 전문화 경향에 따라 계층 간의 이익이 다원화되고 있기 때문이다.

IBK 기업은행 NCS 직업기초능력평가 직무수행능력평가

Industrial Bank of Korea

PART

3

NCS 직업기초능력평가 출제예상문제 정답 및 해설

I
B
K

취업시험 합격의 신화 에듀크라운

Chapter 01 의사소통능력영역 출제예상문제 정답 및 해설

01	02	03	04	05	06	07	08	09	10
④	②	①	①	③	④	④	④	②	②
11	12	13	14	15					
②	④	③	②	④					

01 ④

[공문서 작성 및 처리 지침계]에 따르면 인쇄물이 아니라 전자문서 시스템을 통해 처리할 것을 지향한다. 따라서 직접 인쇄해서 보고하는 것이 아니라 전자업무관리 시스템을 통해 송부 · 회신해야 한다.

02 ②

일본은 AIIB에 속해 있지 않다. AIIB는 미국과 일본이 주도하는 세계은행과 아시아개발은행(ADB) 등에 대항하기 위해 설립된 은행이다. 지분율은 중국(30.34%), 인도(8.52%), 러시아(6.66%), 독일(4.57%), 한국(3.81%) 순으로 한국이 5번째 대주주이다.

03 ①

② 갈수록 일이 어려워짐

③ '칼을 강물에 떨어뜨리고 뱃전에 그 자리를 표시했다가 나중에 그 칼을 찾으려 한다'는 뜻으로, 판단력이 둔해 융통성이 없으며 세상일에 어둡고 어리석다는 뜻

④ '어찌 감히 그런 마음을 먹을 수 있으랴'라는 뜻

04 ①

① 가입대상에서 개인사업자는 제외된다.

② 가입기간은 최소 6개월 이상 ~ 2년 이하이다.

③ 예금종류는 자유적립식이다.

④ 금리는 최고 2.3%로 모든 금리우대 조건이 충족되거나 최고 계약 고시금리 반영 시에 해당된다.

05 ③

가입기간 18개월 : 1.40%p, 20명 모음 : 0.3%p, 추가 납입 2회 : 0%p

→ B : 1.70%p

---

06 ④

(다)에서 고객의 개인정보를 첨부파일로 보낸다 하였으므로 고객의 전화번호를 기재하는 것도 좋지만, 추가 사항이나 문의를 받았던 예금 담당 직원의 전화번호를 남기는 것은 수정할 필요가 없다.

---

07 ④

④번 문장에서 듣는 상대는 할아버지이고, 문장의 주체는 어머니이다. 문장의 주체가 듣는 상대보다 낮기 때문에 '어머님께서는'이 아니라 '어머니는', '안 들어오셨어요'는 '안 들어왔어요' 정도가 되어야 한다.

---

08 ④

후기 수정주의 이론은 냉전의 원인에 대해서 중심적 경향성을 제대로 설명하지 못한다는 비판을 받고 있다.

---

09 ②

(가)에는 앞 내용으로 인한 결과로 이어주는 접속사, (나)는 앞 문장을 뒤집는 말로 이어주는 접속사가 쓰여야 한다.

---

10 ②

a는 냉전의 원인을 소련에서 찾는 고전주의, b는 미국과 소련 모두에서 찾는 후기 수정주의, c는 미국에서 원인을 찾는 수정주의이다.

---

11 ②

광고를 회피하기가 어려우므로 노출될 확률이 ⓐ 높다.
직접 언급하는 ⓑ 온셋 배치에 더 주목하게 된다.

---

12 ④

예상된 반론(위험성)을 인정하고, 권위 있는 사람(스티븐 커비)의 말을 인용하며, 상대방이 걱정하는 부분에 대해 공감하고 있다. 그러나 상대방을 칭찬하며 새로운 요구를 하는 부분은 없다.

---

13 ③

해결방안을 모색하는 글쓰기는 글쓴이의 주장이 들어가는 논설문이다. 따라서 인과관계 혹은 주장과 뒷받침 문장이 간결하고 매끄럽게 이어져야 한다. 다양하게 표현된 문장은 오히려 글의 의도나 간결성을 해칠 수 있어 논설문에서는 지양한다.

14 ②

지문은 야생의 개나 늑대가 인간과의 접촉으로 인해 야생성을 잃어가는 현상에 대해 설명한 글이다. 민상이는 늑대를 길들여야 한다는 설득문으로 이해했으므로 잘못 이해한 사람은 민상이다.

15 ④

뉴섬 교수는 인간들과의 접촉으로 동물들의 야생성이 사라지고 있다는 주장을 하고 있다. 그 주장을 약화시키는 것은 야생성이 살아있다는 증거이다. ㄱ과 ㄴ은 인간들과 접촉하며 살아도 야생성이 살아있다는 증거이므로 뉴섬 교수의 의견과 반대된다.

Chapter 02 수리능력영역 출제예상문제 정답 및 해설

01	02	03	04	05	06	07	08	09	10
②	③	④	②	③	②	④	④	③	④
11	12	13	14	15					
②	②	③	②	④					

01 ②

A와 B가 만나는 시간을 x 라고 하면 (A가 간 거리) = (B가 간 거리) + 160m가 성립해야 하므로 $100x = 60x + 160 \quad \therefore x = 4$

02 ③

기차의 길이와 속력을 각각 x, y라고 하면 $1 \times y = (750 + x) \cdots$ ① , $2 \times y = (1{,}600 + x) \cdots$ ②

②식 − (①식의 2배) = 0 → $100 - x$

$\therefore x = 100$

03 ④

둘이 만나는 데 걸리는 시간을 y라고 하면 $ay + by = x$

$$\therefore y = \frac{x}{a+b}$$

04 ②

순항 중일 때 날아간 거리 : $860 \times (3 + \frac{30-15}{60}) = 2{,}795$km

기상 악화일 때 날아간 거리 : $(860 - 60) \times \frac{15}{60} = 200$km

→ $2{,}795 + 200 = 2{,}995$km

05 ③

시간 = 거리 ÷ 속력이므로 가는 데 걸리는 시간 + 오는 데 걸리는 시간

$$= \frac{50}{35+15} + \frac{50}{35-15} = 3.5$$

06 ②

더 넣은 소금을 x라고 하면 12%의 소금물에 들어있는 소금의 양은

$500 \times \frac{8}{100} + x = (500 + x) \times \frac{12}{100}$이므로 $x = \frac{250}{11}g$이다.

---

07 ④

A% 소금물에 들어있는 소금의 양 : $\frac{A}{100} \times 20$

24% 소금물에 들어있는 소금의 양 : $\frac{24}{100} \times B$

전체 소금물의 양은 200 + B이므로 소금물의 농도는 $\dfrac{2A + \frac{24}{100}B}{200 + B} \times 100$이다.

---

08 ④

증발된 물의 양을 xg이라 하면 $\frac{3}{100} \times 400 = \frac{5}{100} \times (400 - x)$

따라서 증발된 물의 양은 $1{,}200 = 2{,}000 - 5x \quad \therefore x = 160$

남아 있는 설탕물의 양은 400 − 160 = 240이다.

---

09 ③

처음 퍼낸 소금물의 양을 xg이라 하면 4% 소금물의 양 : $400 - \{(300 - x) + x\} = 100$

소금의 양 $= \frac{\text{농도}}{100} \times$ 소금물의 양이므로

$\frac{8}{100} \times (300 - x) + \frac{4}{100} \times 100 = \frac{6}{100} \times 400$

$2{,}400 - 8x + 400 = 2{,}400$

$8x = 400 \quad \therefore x = 50$

---

10 ④

A : 처음 적립한 100만 원은 100×1.02^{24}만 원, 두 번째 달에 입금한 금액의 원리합계는 $100 \times 1.02 \times 1.02^{23}$(납입금 : 100×1.02, 이자 적용 기간 23개월)이 된다.
즉, 모든 달에 납입한 금액의 원리합계는 100×1.02^{24}으로 동일하다.
따라서 A 상품의 원리합계 총합은 $100 \times 1.02^{24} \times 24 = 3{,}840$만 원이다.

B : 이자로 받게 되는 금액은 연 3,000만 × 0.1 = 300만 원이므로, 2년간의 이자는 600만 원, 원리합계는 3,600만 원이다.

따라서 두 상품의 원리합계 차이는 3,840만 원 − 3,600만 원 = 240만 원

---

11 ②

2016년 기준으로 우리나라 20세 이상 인구 중 담배를 피우지 않는 인구비율은 70.8%로, 2000년 64.9%에 비해 5.9%P 증가하였다.

12 ②

2016년 기준으로 담배를 피우지 않는 사람 중 담배를 끊은 사람은 20.7%로, 2000년 15.2%에 비해 5.5%P 증가하였다.

13 ③

40만 1천 명(신협 총 차입인구) × 0.3(40대 차입 비중) = 12만 300명

14. ②

80.2조 원(개인대출비용) × 0.163 = 약 13조 원

15 ④

$$\frac{234.8(\text{조 원}) \times 0.3(\%)}{660(\text{만 명}) \times 0.315(\text{차입자 수})} = \text{약 } 3{,}400\text{만 원}$$

Chapter 03 문제해결능력영역 출제예상문제 정답 및 해설

01	02	03	04	05	06	07	08	09	10
①	④	②	③	③	③	①	③	④	④
11	12	13	14	15					
②	②	④	①	①					

01 ①

다희는 가희보다 늦게 내렸고 마희보다는 빨리 내렸으니 가희 – 다희 – 마희 순서가 된다. 나희는 바희보다 한 층 더 갔고, 마희는 나희보다 세 층 더 갔으니 바희 – 나희 – ○○ – ○○ –마희 순이다. 둘을 종합해보면 바희 – 나희 – 가희 – 다희 – 마희의 순이고, 라희는 맨 처음(2층)이나 맨 마지막(7층)이 될 수 있다. 그런데 마희가 마지막에 내린 것이 아니니까 라희는 7층에서 내렸다는 뜻이 된다. 따라서 바희 – 나희 – 가희 – 다희 – 마희 – 라희 순서대로 내린 것이다. 답은 2층에서 내린 바희이다.

02 ④

㉡에서 김 부장이 연루하지 않았다면 오 과장과 윤 주임도 하지 않았다고 했기 때문에 담합한 사람은 서 과장과 현 대리인데, 이는 ㉢에 위배된다. 그래서 김 부장은 무조건 가담한 것이다. ㉤에서 현 대리가 연루했다면 윤 주임도 연루해서 3명이 되기 때문에 ㉠에 위배된다. 그러므로 현 대리는 가담하지 않았고, ㉣에 의해 서 과장도 가담하지 않았다. ㉢을 보면 오 대리도 무죄이다. 따라서 김 부장과 윤 주임이 부정거래를 저질렀다는 결론이 도출된다.

03 ②

퍼실리테이션(Facilitation)은 '일을 쉽게 하도록 도와주다'라는 의미로, 회의나 교육 등에서 참석자들이 좀 더 쉽게 소통할 수 있도록 도와주는 것을 말한다. 즉, 서로 다른 생각을 가진 참석자들이 다양한 관점을 공유하고 논의하는 과정이 쉽게 이루어질 수 있도록 돕는다.

04 ③

문제를 종합해보면 고객의 니즈나 소비패턴, 그에 따른 상품의 다양성 등 고객 정보가 부족한 실정이다. 따라서 고객 정보를 먼저 수집해야 다른 것들도 이끌어낼 수 있다.

05 ③

점심시간을 기준으로 9시부터 17시까지를 이등분하면, 3시간과 4시간으로 나뉜다. 한 사람이 기본면접과 심층면접을 모두 봐야 하므로 시간이 더 오래 걸리는 심층면접이 기준이 된다. 9시부터 1번 면접자가 들어가면 9시 10분에 심층면접이 시작된다. 심층면접은 오전에는 11시 55분까지 11명, 13시부터 17시까지는 16명이 볼 수 있다. 총 27명의 면접 대상자가 면접을 보는 것이다. 27명이 기본면접을 보는 것이라서 9시부터 12시까지 18명, 13시부터 17시까지 9명이 면접을 보기 때문에 각각 10분씩 14시 30분에 종료한다.

06 ③

기본료 1,010원에 100kWh는 6,070원, 추가 10kWh는 1,259원으로 8,339원이 기본료이다. 할인은 2,100원으로 차상위계층 2,000원, 자동이체 100원 할인된다. 사용요금계는 6,239원이다. 부가세 10%인 623.9원과 전력사업발전기금 3.7%인 230원을 더하면 7,092.9원이고 10원 미만 절사하면 7,090원이다.

07 ①

150kWh를 사용했다면, 기본요금 1,010원에 전력량 요금은 100 × 60.7 + 50 × 125.9를 하면 13,375원이다. 국가유공자 할인을 받으면 5,375원이 전기요금이 되는 것이다. 여기에 부가세 10% 요금인 537.5원과 전력산업기반기금 190원이 더해지면 6,102.5원이 되는데, 10원 미만은 내림을 하면 6,100원이 지날달 청구요금이 된다.

08 ③

③ 교육훈련에 필요한 등산대회는 사업비에 포함해야 하는 금액이다.
① 하반기 시작은 7월이다. 즉, 7월 초에 사업비 지급을 신청해야 한다.
② 분기종료 후 10일 이내인데, 9월은 종료 달이다.
④ 사업비는 정해져 있고, 인센티브 청구비용과 별도라 포함하면 안 된다.

09 ④

④ (다) 명제에 의해서 사과를 좋아하지 않는 사람은 코코넛을 좋아하지 않는다.
① 코코넛을 좋아하는 사람은 사과를 좋아하고(다), 사과를 좋아하는 사람은 바나나를 좋아하므로(가) 옳다. 사과를 좋아하지 않는 사람은 딸기를 좋아하고(나), 딸기를 좋아하는 사람은 바나나를 좋아하지 않으므로 옳다.
② 딸기를 좋아하는 사람은 바나나를 좋아하지 않고, (가) 명제의 대우인 바나나를 좋아하지 않는 사람은 사과를 좋아하지 않으므로 옳다.
③ 사과를 좋아하지 않는 사람은 딸기를 좋아하고, 딸기를 좋아하는 사람은 바나나를 좋아하지 않으므로 옳다.

10 ④

Ⓔ는 기존의 출판업체들이 전자도서를 주로 출판하면서 인쇄출판을 하는 K 회사는 경쟁상대가 아니라는 뜻이므로 위협이 아니라 기회에 해당한다. Ⓐ와 Ⓑ는 K 회사의 장점이므로 옳다. Ⓒ는 K 회사의 약점이므로 옳다. Ⓕ는 다시 인쇄된 도서를 선호하는 형태가 확산되면서 시장이 커질 수 있기 때문에 기회가 되므로 옳다. Ⓓ는 현재 K 회사에게 위기가 될 수 있는 상황이므로 위협이 된다.

11 ②

하드 어프로치는 서로의 의견에 도달하기 위해 직설적인 토론과 협상으로 조정하는 방법이다. 새로운 방법을 이끌어내기보다는 구성원 전원이 합의하는 일치점을 찾는 방법이다. 따라서 창조적인 아이디어나 높은 만족감을 끌어내기는 힘들다.

12 ②

K 주택전세자금 상품을 좋아하는 고객을 A, K 안심보험은 B, K 인터넷 저축상품은 C라고 할 때 색칠한 영역을 집합으로 나타내면 A, B, C의 교집합이다.

$n(A \cup B \cup C) - n(A) - n(B) - n(C) + n(A \cap B) + n(B \cap C) + n(C \cup A) = n(A \cap B \cap C)$이므로 $200 - 60 - 85 - 125 + 20 + 45 + 15 = 10$명이 정답이다.

13 ④

유화전략이란 상대방에게 당근을 주어서 나의 의견에 부분적으로나마 수용하게 하는 양보전략 중 하나이다.

14 ①

문제를 분석하면 제품에 대한 불명확한 이해와 국가 간의 문화 차이가 원인이기 때문에, 이 분석을 바탕으로 문제 해결 방법을 모색해야 한다. 하지만 해결방식으로 기술적인 부분만을 채택해서 거래 실패의 원인이 되었다. 따라서 문제 분석을 기반으로 해결방법을 세우는 자세가 필요하다.

15 ①

분석적 사고는 주어진 문제를 더 단순한 부분들로 구분하고, 이를 통해 주어진 문제의 원인을 확인하고 해답을 찾아가는 사고과정을 의미한다. 문제를 부분들로 나누는 방법을 확인하고 그에 기초하여 구분한 후, 각 부분들을 명료하게 정의하여 관련된 정보를 확인하고 조직한다. 마지막으로 분석에 근거해서 결론을 내린다. 분석적 사고에는 비교, 대조, 범주화, 추론 등이 있다.

Chapter 04 자원관리능력영역 출제예상문제 정답 및 해설

01	02	03	04	05	06	07	08	09	10
④	②	④	④	③	③	①	③	④	②
11	12	13	14	15					
④	③	③	③	①					

01 ④

라벨지와 받침대, 블루투스 마우스를 차례대로 계산하면 18,000 × 2 + 24,000 + 27,000 × 5 = 195,000원이다. 블루투스 마우스를 3개 이상 구매 시 건전지 3SET를 무료 증정하기 때문에 AAA 건전지는 2SET만 더 구매하면 된다. 따라서 195,000 + 4,000 × 2 = 203,000원이다.

02 ②

라벨지는 91mm로 변경 시 각 세트당 5%를 가산하기 때문에 (18,000 × 1.05) × 4 = 75,600원, 3단 받침대는 1단 받침대에 2,000원씩 추가하므로 26,000 × 2 = 52,000원이다.

블루투스 마우스는 27,000 × 3 = 81,000원이고, 마우스 3개 이상 구매 시 AAA 건전지 3SET가 사은품으로 오기 때문에 따로 주문하지 않는다.

따라서 문서 수동세단기 36,000원을 더하면 75,600 + 52,000 + 81,000 + 36,000 = 244,600원이다.

03 ④

3월은 계절별 시간대가 봄 · 가을철에 속한다. 하루에 저압으로 20kW씩 충전한다고 할 때, 각 일정의 업무시간에 충전 가능 시간을 살펴보면 아래와 같다.

일자	충전 시간대	시간대별 부하	충전요금	렌트비
3월 14일(월)	8~9시	경부하	58.7 × 20KW + 2,390 = 3,564원	50,000원
3월 15일(화)	20~21시	중간부하	70.5 × 20kW + 2,390 = 3,800원	45,000원
3월 16일(수)	8~9시	경부하	58.7 × 20kW + 2,390 = 3,564원	50,000원
3월 17일(목)	14~15시	최대부하	75.4 × 20kW + 2,390 = 3,898원	45,000원
3월 18일(금)	14~15시	최대부하	75.4 × 20kW + 2,390 = 3,898원	45,000원
3월 19일(토)	20~21시	중간부하	70.5 × 20kW + 2,390 = 3,800원	50,000원

해당하는 전력요금에 기본요금을 더해 충전요금을 계산하고 렌트비는 해당인원 수에 맞춰 계산한다.

이때 5일 이상 연속으로 이용 시 렌트비의 10%가 할인되므로 285,000 × 0.9 = 256,500원이다.
따라서 3,564 + 3,800 + 3,564 + 3,898 + 3,800 + 256,500 = 279,024원, 정답은 ④번이다.

04 ④

표에서 A 기업과 B 기업이 동시에 (다) 제품의 광고를 할 때, 각각의 월 수익은 12억 원과 1억 원으로 수익의 합은 13억 원이다. ① 0 + 10 = 10억 원 ② 1 + 6 = 7억원 ③ −5 + 4 = −1억 원

05 ③

여름에 (가) 제품의 광고를 할 경우 월 수익의 50%가 증가하고 월 손해의 50%가 감소하므로, A 기업이 (나) 제품의 광고를 할 때 월 수익은 그대로 −7억 원, B 기업이 (가) 제품 광고를 할 때의 월 수익은 50% 증가한 18억 원이다. 따라서 수익의 합은 11억 원이다.

① −4 + 4 = 0원 ② 0 + 10 = 10억 원 ④ 8 + (−0.5) = 7.5억 원

06 ③

A 기업이 각 제품의 광고를 내보낼 때 예상 수익의 평균을 계산해보면 다음과 같다.

(가) −4 + 7.5 + 0 / 3 = 1.166억 원

(나) −3.5 + 9 + 1.5 / 3 = 2.333억 원

(다) 8 − 5 + 12 / 3 = 5억 원

따라서 예상 수익의 평균이 가장 높은 (다)의 광고를 내보내면 된다.

07 ①

제품단가가 가장 저렴한 재질은 아트지 비코팅과 아트지 코팅 재질이고, 이 중에서 고객 선호도가 더 높은 것은 아트지 비코팅이므로 (가) 회사가 선택할 재질은 아트지 비코팅이다.

08 ③

최소 수량이 가장 적은 업체는 B 사와 C 사이다. 이 중에서 제작기간이 짧은 업체는 C 사이므로 (가) 회사가 선택할 협력업체는 C 사이다.

09 ④

스티커의 사이즈가 8cm × 12cm이고 아트지 비코팅의 단가는 1cm²당 1원이므로 스티커 한 장의 단가는 96원이며, 제작 수량은 10,000장이므로 총 금액은 960,000원이다. 이를 C 사에서 제작할 때 공임비는 1,000장당 4,000원이므로 총 공임비는 40,000원이다. 따라서 전체 수량의 제작 원가는 1,000,000원이다.

10 ②

두 사람의 대화를 통해 회의실이 갖추어야 할 조건이 무엇인지를 먼저 정리해본다.

1) 회의실이 수용해야 하는 총 인원은 24명이며, 토론식으로 진행된다.
2) 생산관리팀 6명은 화상으로 참여하므로 화상회의 시설을 갖춘 곳이어야 한다. 위의 두 조건을 충족하는 곳은 401, 402, 403, 404호이다.
3) 회사 지원금에서 식사비 30만 원, 교통비 8만 5천 원, 다과비 6만 원을 제하면 5만 5천 원이 남는다. 회의실을 종일 사용해야 하므로 종일 대관요금을 비교했을 때 가능한 곳은 404호이다. 그런데 이 회의실은 화상회의를 할 경우에 5,000원 추가요금이 붙으므로 예산을 초과하게 된다. 반면, 402호의 경우 다과를 제공하므로 다과비 6만원을 아낄 수 있어서 식사비 30만 원, 교통비 8만 5천원, 대관요금 8만 원을 합한 46만 5천원만 지출하면 된다. 따라서 기존의 예산을 초과하지 않는 가장 적합한 회의실은 402호이다.

---

11 ④

④ 구입일로부터 24개월 이내의 USB 접촉 불량 휴대폰은 무상수리를 받을 수 있다.

---

12 ③

a : 배송 하루 전에 취소하였으므로 30%의 공제금액(−)이 발생한다. 150,000 × 0.3 × 2 = 90,000원

b : 배송 8일 전이므로 공제금액이 없다.

c : 업체 과실이므로 10% 가산금액(+)인 30,000 × 4 = 120,000원을 F가 돌려받게 된다.

d : 배송 4일 전이므로 10%의 공제금액(−)인 500,000 × 0.1 × 2 = 100,000원이 발생한다.

---

13 ③

① 6시간 이내는 5,000원이고, 이후 일반요금이 적용(일반요금은 1시간 무료 후 30분당 1,500원)되므로 8,000원이 맞다.

② 하이브리드 차량의 경우 50% 할인이 적용되므로 주차 총액(15,000 + 6,000)의 절반인 10,500원이 맞다.

③ 경차 할인이 50%로 직원 할인 30%보다 크므로 경차 할인이 적용된다. 따라서 3,000 × 0.5 = 1,500원이므로 2,100원이 아닌 1,500원이 되어야 맞다.

④ 쇼핑몰 이용 4시간 이내는 4,000원, 그리고 이후 일반요금은 30분 이후로 15분당 2,000원이 적용된다. 일반요금이 적용되는 시간은 3시간 30분이므로 28,000원이다. 따라서 주차 요금의 총합은 32,000원이다.

---

14 ③

a : 14,000원(시설을 이용하지 않았으므로 유공자 카드로 인한 할인은 없다.)

b : 9,000원(3시간 6,000원 적용 후, 1시간 초과 이후 30분당 1,500원이 부과되므로 9,000원이 된다.)

c : 13,000원(6시간 3,000원 적용 후, 30분 초과 이후 15분당 2,000원이 적용되므로 13,000원이 된다.)

15 ①

김○○ 사원은 현재 업무처리에 대해 우선순위가 없어서 시간관리에 문제가 있는 상황이다. 업무를 처리할 때, 우선순위를 두어 가장 급하게 해결해야 할 업무를 순서대로 처리하는 것이 가장 효율적으로 시간관리를 할 수 있는 방법이다.

Chapter 05 정보능력영역 출제예상문제 정답 및 해설

01	02	03	04	05	06	07	08	09	10
①	④	②	①	②	④	③	①	④	④
11	12	13	14	15					
④	②	①	④	④					

01 ①

[인터넷 검색 엔진에서 공통적으로 사용하는 연산자의 종류와 검색조건]

기호	연산자	검색조건
*, &	AND	두 단어가 모두 포함된 문서를 검색 예 인공위성 and 자동차, 인공위성 * 자동차
|	OR	두 단어가 모두 포함되거나, 하나만 포함된 문서 검색 예 인공위성 or 자동차, 인공위성 | 자동차
–, !	NOT	'–' 또는'!' 기호 다음에 오는 단어를 포함하지 않는 문서 검색 예 인공위성 not 자동차, 인공위성 ! 자동차
~, near	인접검색	앞뒤의 단어가 가깝게 인접해 있는 문서를 검색 예 인공위성 near 자동차

02 ④

① 88을 누르면 정병희와 송순철 2명이 나온다.

② ㅅ를 누르면 윤서현, 윤수원, 심지연, 김수현, 송순철 5명이 나온다.

③ ㅊ를 누르면 최지훈, 최효은, 송순철 3명이 나온다.

④ 44를 누르면 최효은 한 사람만 나온다.

03 ②

휴지통에 버려진 파일들은 복원을 한 후에 실행이 가능하며 휴지통 안에서는 실행이 불가능하다.

04 ①

시리얼 넘버는 '종류 – 모델 – 색상 – 생산 공장 – 생산 넘버' 순으로 연결되어 있다. 제시된 표를 따라서 각 항목의 코드와 연결하면, 레이저 트윈젯 프린터의 코드는 L – T2, 노란색의 코드는 YE, 구로 공장의 코드는 011이므로 이를 순서대로 연결한 LT2YE011이 모두 포함된 ①이 정답이다.

05 ②

시리얼 넘버는 '종류 – 모델 – 색상 – 생산 공장 – 생산 넘버' 순으로 연결되어 있다. 제시된 표를 따라서 각 항목의 코드와 연결하면, 복합기 브릭스 모델의 코드는 C – B2, 검정색의 코드는 BK, 안산 공장의 코드는 013, 25,378번째로 생산된 제품의 생산 넘버는 25378이므로 이를 순서대로 연결한 CB2BK01325378이 답이 된다.

06 ④

제시된 표에 따라 각 코드별로 시리얼 넘버를 나누어 보면 L – W1 – WH – 010 – 01932가 된다. 이를 차례로 해석하면 이 제품은 레이저 프린터로 모델명은 윈트밀, 색상은 흰색, 수원 공장에서 생산되었고, 1,932번째로 생산된 제품임을 알 수 있다. 따라서 토닉 모델이라고 설명한 ④가 정답이다.

07 ③

제시된 표에 따라 각 코드별로 시리얼 넘버를 나누어 보면 I – M1 – OR – 012 – 74356이 된다. 이를 차례로 해석하면 이 제품은 잉크젯 프린터로 모델명은 모건, 색상은 주황색, 인천 공장에서 74,356번째로 생산된 제품임을 알 수 있다. 따라서 주황색 프린터라고 설명한 ③이 정답이다.

08 ①

각 코드별로 시리얼 넘버를 나누어 보면 다음과 같다.

① C – E2 – WH – 013 – 01233

② I – E1 – SI – 012 – 01321

③ C – Z1 – BK – 012 – 10131

④ L – T2 – RD – 012 – 13010

이 중 네 번째 항목의 숫자 세 자리가 생산공장을 의미하는데, ②·③·④는 모두 인천 공장에서 생산된 제품이고, ①만 013으로 안산 공장에서 생산되었으므로 정답은 ①이다.

09 ④

앞으로 비밀번호 자동 완성 기능을 사용하지 않으려면 ④와 같이 설정해야 한다. ④를 제외한 나머지는 현재 저장되어 있는 비밀번호 및 임시파일, 열어본 페이지 목록, 쿠키 등을 삭제하는 방법이다.

10 ④

직위가 대리이면 점수가 75 초과 89 이하인 경우의 자료가 추출되기 때문에 75점의 자료는 추출되지 않는다.

11 ④

④ 블록을 잡고 <Back Space> 키를 누르면 20만 지워진다.

①, ②, ③은 블록 부분이 모두 지워진다.

12 ②

① 사용 중에 갑자기 멈추었을 경우

③, ④는 동작이 되지 않을 경우

13 ①

② 동작이 되지 않을 경우

③, ④는 설명서에 나와 있지 않은 내용

14 ④

④ 청소기 배수구에서 냄새가 날 수 있다.

①, ③ 사용 중에 갑자기 멈추거나 작동이 되지 않는다.

② 전원 플러그가 꽂혀 있지 않아서 작동이 되지 않는다.

15 ④

④ 흡입력 약화 관련 지문에 언급이 되어 있다.

③ 보호 필터가 더러워졌을 경우

Chapter 06 조직이해능력영역 출제예상문제 정답 및 해설

01	02	03	04	05	06	07	08	09	10
④	③	③	②	②	④	③	③	③	①
11	12	13	14	15					
④	②	④	③	③					

01 ④

② 유럽 사람들에게 왼손으로 악수하는 것은 결례이다.

③ 이라크 사람들은 늦으면 상대방이 기다려줄 것이라 생각한다.

02 ③

양적완화는 기준금리가 너무 낮아서 금리 인하로 인한 효과가 더 이상 없다고 판단될 때, 중앙은행에서 시중에 자금을 유통하여 시장에 유동성을 공급하는 정책이다. 이는 수출입에 관한 정책이므로 다른 나라에 영향을 미칠 수 있다.

① 출구전략이란 완화정책으로 인한 자금을 서서히 거두어들이는 정책이다.

② 테이퍼링(Tapering)이란 양적완화를 축소해 나가는 일종의 출구전략이다.

④ 오퍼레이션 트위스트란 공개시장 조작방식 중 하나로, 장기국채는 사고 단기국채는 파는 방식으로 금리를 조절하는 정책이다.

03 ③

면접관의 질문 의도는 인턴 기간 동안 습득한 실질적인 업무나 회사 내부의 조직, 전체적인 회사 상황에 대해서 질문한 것이다. 단순히 사무실의 구조나 회사 위치 등 눈에 보이는 정보를 묻는 것이 아니므로 ③ 사무실의 구조는 적절치 않다.

04 ②

② 하루 중 공식조직인 학교와 회사(카페)에 8시간 있었다.

① 스터디는 비공식적이고 소규모 조직이다.

③ 학교와 시민단체는 대규모 조직이며 비영리 조직이다.

④ 카페는 이윤을 추구하는 영리 조직이다.

05 ②

(ㄱ) 경영목적이란 목적을 달성하기 위해 어떤 과정과 방법을 택할 것인지 구체적으로 제시해주는 것이다.

(ㅂ) 전략이란 기업 내에 있는 모든 인적 · 물적자원을 경영목적 달성을 위하여 조직화하고, 이를 실행에 옮겨 경쟁에서 우위를 점할 수 있도록 하는 방침과 활동을 의미한다.

(ㄴ), (ㅁ) 인적자원은 회사에서 일하는 사람, 자본은 경영활동에 사용할 수 있는 돈을 의미한다.

06 ④

D 지원자는 팀 안에서의 협동을 말하고 있다. 다른 지원자들도 좋은 마음가짐이 될 수 있으나, 문제에서 원하는 답은 팀워크에 대한 것이기 때문에 D 지원자의 말이 가장 적절하다.

07 ③

③은 인사부의 담당 업무이다. 총무부는 주주총회 및 이사회 개최 관련 업무, 의전 및 비서 업무, 집기 비품 및 소모품의 구입과 관리, 사무실 임차 및 관리 등을 담당한다.

08 ③

로렌스 피터와 레이몬드 헐이 주장한 이론으로, 무능력이 개인보다는 수직적인 위계조직에서 발생한다는 것이다. 무능력과 무책임으로 인해 우리는 많은 불편을 겪으며 막대한 비용을 지출하지만 무능력은 사라지지 않고 있으며, 오히려 무능한 사람들이 계속 승진하고 성공하는 모순이 발생하고 있다. 무능과 유능은 개인적 차원이 아니라 위계조직 차원에서 발생한다고 주장하였다.

09 ③

많이 팔리지 않는 책이라도 계속 진열해놓는다면, 매출이 모여 결국에는 베스트셀러 못지않은 수익을 낸다는 이론이다.

10 ①

제시문은 인 바스켓 훈련에 대한 설명이다. 우선 훈련생들이 직무에 관련된 보고서나 전화 메시지, 메모 등을 받은 후 제시된 사안들과 제한된 시간 내에 무엇을 가장 먼저 처리해야 하는지를 파악하고 결정해야 한다. 결정이 끝난 후 참가자들이 함께 해결과정에 대해 토론하고 교육자로부터 피드백을 받는다.

② 비즈니스 게임은 참가자들이 상호 경쟁관계에 있는 책임자가 되어 서로 이기기 위한 의사결정을 하게 한 후, 그 결정에 따른 결과를 컴퓨터로 분석하여 피드백하는 기법이다.

③ 역할 연기법은 직접 그 역할을 수행하게 하는 기법이다.

④ 행동 모델법은 이상적인 행동을 영상에 담아 그것을 분석하고 반복 연습하여 행동 변화를 이끌어내는 기법이다.

11 ④

회사 내에는 여러 부서들이 있다. 부서 명칭만으로도 어느 정도는 어떤 업무를 하는지에 대해 알고 있어야 한다. 인사팀은 근무, 채용, 인사 등을 관리하고, 회계팀은 회사의 재무와 관련된 전반적 업무를 총괄한다.

---

12 ②

회사는 이윤 창출을 목표로 하는 조직 공동체이다. 소속된 개인은 목표를 위해 상호작용을 해나가는 구성원으로, 서로 협력하고 영향을 주고받으며 노력해야 한다. 업무의 독립성을 추구하는 것도 좋지만 서로 협력할 수 있는 부분은 협력하고 유기적으로 일을 진행해나가는 것이 중요하다. 따라서 ②번은 적절하다고 보기 어렵다.

---

13 ④

조직문화의 역할은 구성원들에게 같은 목표를 갖게 하여 일체감과 소속감, 정체성을 가질 수 있게 하는 것이다. 이것을 '조직 몰입도'라 하고, 이를 통해 조직의 안정성을 도모한다. 구성원들의 개성 발현은 조직문화의 주된 역할이라고 보기 어렵다.

---

14 ③

G7은 두 차례의 석유파동을 겪고 무너질 뻔한 세계경제의 회복을 위해 서방 선진국 6개국(G6)이 모여 시작되었고, 1976년 캐나다가 합류하면서 G7이 되었다. 미국, 일본, 영국, 프랑스, 독일, 이탈리아, 캐나다가 속해 있으며 연례 경제정상회담을 연다.

---

15 ③

태스크포스는 중요 업무를 효과적으로 수행하기 위해서 소집되는 조직이다. 항상 유지되기보다 과업이 해결된 후에 해체되는 임시적 성격이 강하다. 어떤 과업의 성공 여부가 조직의 생존에 결정적인 영향을 미치는 중요한 업무를 위해 각 전문가들이 모여 최대의 효과를 이끌어내서 과업을 수행해야 하는 상황에 바람직한 조직구조이다.

IBK

Industrial Bank of Korea

기업은행 NCS 직업기초능력평가 직무수행능력평가

PART 4

NCS 직무적성검사 (직업기초능력평가) 실전모의고사 정답 및 해설

I
B
K

취업시험 합격의 신화 에듀크라운

Part 4 실전모의고사 정답 및 해설

01	02	03	04	05	06	07	08	09	10	11	12	13	14	15
①	②	③	②	③	①	④	②	①	③	④	①	①	③	③
16	17	18	19	20	21	22	23	24	25	26	27	28	29	30
②	③	④	④	③	④	③	②	②	②	③	①	③	②	③
31	32	33	34	35	36	37	38	39	40	41	42	43	44	45
②	④	①	④	④	②	④	④	①	③	③	②	③	③	④
46	47	48	49	50	51	52	53	54	55	56	57	58	59	60
②	④	③	④	③	①	③	④	①	④	③	③	②	④	①
61	62	63	64	65	66	67	68	69	70					
④	②	④	①	④	②	①	③	②	④					

01 ①

자료는 홍삼을 통째로 갈아서 섭취하는 경우 홍삼 영양분의 95% 이상을 섭취할 수 있다는 내용이므로 괄호 안에 들어갈 내용으로 적절한 것은 '홍삼을 통째로 갈아 넣어 만든 홍삼 음료'이다.

02 ②

이 글은 검무의 정의와 기원, 검무의 변천 과정과 구성, 검무의 문화적 가치를 순서대로 설명하고 있다.

03 ③

셋째 문단에서 혜자는 장자의 말이 '쓸데없다'고 반박하고 있다. 장자는 무용하다고 생각했던 것이 유용하게 쓰일 수 있는 상대적인 진리를 역설하면서 혜자의 단면적인 시각을 반박하고 있다. 이를 통해 볼 때, 혜자는 자신이 생각하기에 본질에서 거리가 먼 것까지 진리의 가치를 부여하는 장자가 답답하게 여겨졌을 것이다.

04 ②

② 넷째 문단에서 조선백자는 넉넉한 곡선과 비대칭의 아름다움, 여유 있고 균형 잡힌 형태감을 지니고 있다고 말하였다. 대칭과 완벽은 중국 자기의 특징이고, 기교는 일본 자기의 특징이다.

①, ④는 둘째 문단에서, ③은 다섯째 문단에서 각각 확인할 수 있다.

05 ③

ㄴ. ①-1항에 의해 과대광고이다.

ㄹ. ①-3항에 의해 허위표시이다.

06 ①

①은 ②-2항에 의해 과대광고가 아니다.

07 ④

2011년도 사회취약계층 주택 개 · 보수 사업비는 6억 9천만 원이다.

08 ②

사업에 신청할 수 있는 사람은 기초생활수급자 혹은 탈수급자 중 희망키움통장 가입자이어야 하고, 또한 그중에서도 노후 자가주택 소유자여야 한다.

09 ①

① 석하가 이해한 문장 의미는 '이 자리에 있겠다'이며 화자 의미는 '더 이상 귀찮게 하지 마라'이므로, 예나가 의도한 문장 의미 '이 자리에 있겠다'와 화자 의미 '그곳으로 가기 싫다'의 거리보다 같거나 멀다. 따라서 올바르지 않은 판단이다.

④ 대화라면 당연히 정보의 전달 기능을 수행한다.

②, ③의 ㉢은 (2)의 기능을 직접적으로 수행하고 (3)의 기능을 간접적으로 수행하는 발화이다. 따라서 ㉡에 비해 문장 의미와 화자 의미의 거리가 멀다.

10 ③

이 글은 들뢰즈와 가타리라는 두 학자의 견해를 소개하고 있으며 욕망, 코드화, 노마디즘 등의 용어를 설명하고 있다.

11 ④

㉠ : Q1, Q8

㉡ : Q5, Q6, Q7, Q9

12 ①

B 씨는 남은 수강일과 동영상 강의 및 도서 환불에 대해 문의하고 있으므로 Q1, Q6, Q8을 통해 궁금증을 해결할 수 있다.

13 ①

한국의 업무 시간인 오전 8시~오후 6시는 파키스탄의 오전 4시~오후 2시이다. 하지만 화상회의 시간인 한국의 오후 4~5시는 파키스탄의 오후 12~1시이며 점심시간에는 회의를 진행하지 않으므로 파키스탄은 회의 참석이 불가능하다.

14 ③

계약 기간 1년일 때 수익 : 3,000만 원 × 0.04 = 120만 원
계약 기간 2년일 때 수익 : 3,000만 원 × 0.05 × 2 = 300만 원
계약 기간 3년일 때 수익 : 3,000만 원 × 0.06 × 3 = 540만 원(적어도 3년일 때 500만 원을 돌파한다)
계약 기간 4년일 때 수익 : 3,000만 원 × 0.07 × 4 = 840만 원

15 ③

쇼핑, 주유, 대중교통, 통신요금의 각각 요금을 합하면 96,000원 + 160,000원 + 86,000원 + 68,000원 = 410,000원이 나온다. 총 사용금액이 400,000원 이상 ~ 500,000원 미만 구간이므로 410,000 × $\frac{4}{1,000,000}$ = 1.64%이다.

16 ②

조건을 따라 인원을 배치해보면 A > B > D > F > G > C > E 순으로 배치되어 있다. B와 인접해서 앉아 있는 사람은 A와 D이다.

17 ③

나를 6층으로 보내고 조건에 맞춰보면 4, 5층은 가와 다가 안 되고 바 – 라 – 마는 꼭 순서대로 해야 한다. 따라서 바는 5층, 라는 4층을 쓰게 된다. 3층부터는 가, 다, 마가 모두 가능하기 때문에 총 6가지 방법이 나온다.

18 ④

조건에 따르면 라는 4층에 고정이고, 가가 3층에서 살 때 마나 다가 2층이 될 수 있다. 따라서 다, 라, 마가 인접해서 살 수 있다.

19 ④

조건에 따르면 가가 1층에 살고, 나는 6층, 다는 2층, 바가 5층일 경우, 그 밑 4층에 라, 3층에 마가 살게 되면 조건을 모두 충족한다.

20 ③

창의성에 대한 내용이다. 창의성은 선천적으로 타고나기보다는 후천적으로 개인이 주의 깊게 생각하고 여러 방법을 모색하는 것에 따라 발휘될 수 있다.

21 ④

(a) 글을 많이 씀(가) > 논리적 사고(나1), 생각이 풍부해짐(나2)

(c) 관찰을 잘 안 함(not 다) > 글을 많이 안 써봄(not 가)으로 정리할 수 있다.

그렇다면 (b)에서 논리적 사고(나1)나 생각이 풍부해짐(나2)이 관찰(다)과 연결되어야 논법이 성립된다. 따라서 (b)에서 논리적 사고 > 관찰 혹은 생각이 풍부해짐 > 관찰이라는 논리가 성립해야 한다. 따라서 그 둘을 모두 부정해서 긍정문이 된 ④가 답이다.

22 ③

최단시간으로 가는 방법은 택시를 이용하는 방법으로, 10분의 시간이 걸리고 가격은 3,500원이다. 최소비용으로 가는 방법은 버스를 이용하는 방법으로, 30분의 시간이 걸리고 가격은 1,000원이다. 따라서 두 방법 간의 가격 차이는 2,500원이다.

23 ②

K 회사에서 B 지점으로 버스를 타고 가는 데 걸리는 시간은 4km로 12분이 걸리고, 환승하는 데에 걸리는 시간은 2분, 택시를 타고 B 지점부터 거래처까지 6km로 6분이 걸린다. 그리고 거래처에서 회의실까지 3분이 소요되므로 총 23분이 소모된다. 지각하거나 대기시간이 없어야 추가비용이 발생하지 않으므로 2시 정각에 도착한다고 가정할 때, K 회사에서 23분 전인 1시 37분에 출발해야 가장 적은 비용을 소모하는 것이다.

24 ②

아인은 K 회사에서 B 지점까지 버스를 이용하고(12분 – 1,000원), 2분의 환승 시간을 소요했으며(2분 – 600원), B 지점부터 거래처까지 지하철을 이용했다(12분 – 100원). 거래처에서 회의실까지 가는 시간 3분을 더하면 총 29분, 1,700원이 소모되었다. 그러나 2시 5분 도착이므로 5,000원의 추가 비용이 더해져 아인은 6,700원이 들었다.

공유는 K 회사에서 A 지점까지 버스를 탔고(6분 – 1,000원), 2분의 환승 시간을 거쳐(2분 – 600원), A 지점부터 거래처까지 택시를 이용했다(8분 3,000원 + 400원). 거래처에서 회의실까지 가는 3분을 더하면 총 19분, 5,000원이 들었다. 그러나 1시 38분에 출발하여 19분이 걸렸으므로 3분의 대기 시간이 있기 때문에 총 5,000원 + 900원인 5,900원이 들었다.

따라서 아인이와 공유의 비용 차이는 800원이다.

25 ②

지민은 보검과 함께 2시 5분에 도착할 위험을 가지고 있다. 그렇다면 역순으로 계산했을 때, 거래처에서 회의실까지 3분이 걸리기 때문에 2시 2분에는 거래처에 도착할 것이다. C 지점에서 거래처까지 택시로 4분이므로 1시 58분에는 택시를 탈 것이다. 5분을 기다려 보검을 만나므로 1시 53분에는 버스에서 내려 택시로 환승하면서 보검을 기다릴 것이고(환승시간은 기다리는 시간에 포함), B 지점에서 C 지점까지는 버스로 이동하므로 6분이 걸리기 때문에 1시 47분에 연락을 받은 것이다.

26 ③

①, ②, ④는 은행에 업무를 보러 갈 때는 무조건 녹차를 마신다는 의미이다. 그러나 ③은 은행에 업무를 보러 가지 않을 때는 녹차를 마시지 않는다는 사실을 말한 것이지, 그 역인 은행에 업무를 보러 갈 때 녹차를 마시는지 여부는 알 수 없다.

27 ①

자신이나 타인의 주장에 대한 방어화는 논리적 사고를 위한 요소이기보단, 다른 의견이나 요소들을 무시한 채 무조건적으로 자신의 주장을 밀고 나가는 막힌 생각을 말하며 비논리적 사고이다.

28 ③

③은 21만 끌었을 때 연속되는 숫자나 문자 배열이 아니면 같은 값이 입력된다. 따라서 22가 아니라 21이 입력된다.

29 ②

② [휠]에서는 휠을 돌렸을 때 스크롤할 양과 수를 정할 수 있다. 오작동 여부는 검사하지 않는다.

30 ③

③ 실제소득보다 25만 원이 낮다면 75만 원인데, 2인 가구 기준으로 70만 원 이하여야 기초생활수급자로 선정 가능하다.

31 ②

② 소득인정액이 최저생계비보다 낮고 부양의무자가 수감된 상황이라 실질적으로 부양을 할 수 없기 때문에 기초생활수급자로 선정될 수 있다.

32 ④

물리적인 방법이 아닌 온라인상으로 문서나 서신을 보낼 수 있는 서비스는 전자우편이다.

33 ①

K 사원은 현재 연도와 월 · 일을 파일 이름으로 저장하였다. 즉, 시간적 기준으로 정리하였다.

34 ④

데이터베이스는 업무가 확대되어도 새로 구축하는 것이 아니라 기존 데이터베이스에 추가하는 개념이다.

35 ④

정보 활용의 절차는 먼저 전체적인 것을 기획하고 자료를 수집한 후, 그 자료를 관리하여 체계를 잡은 다음 활용하는 것이 일반적인 순서이다.

36 ②

60%를 저축하는 기간을 n달이라고 하면 50%를 저축하는 기간은 $12 - n$달이 된다.

$270 \times 0.5 \times (12 - n) + 270 \times 0.6 \times n \ge 1{,}800 \rightarrow 27n + 1{,}620 \ge 1{,}800 \rightarrow 27n \ge 180$

$\therefore n \ge 6.66$

따라서 최소 7개월을 60% 비율로 저축해야 하므로 50%를 저축하는 기간은 최대 5개월이다.

37 ④

Take-out을 하는 고객의 수를 n명이라고 하면 카페 안에서 이용하는 고객의 수는 $100 - n$명이다. Take-out을 하는 고객은 6,400원의 수익을 주지만, 카페 안에서 이용하는 고객은 서비스 비용인 1,500원을 제외한 4,900원의 수익을 준다.

따라서 고객에 대한 수익은 $6{,}400n + 4{,}900(100 - n) \rightarrow 1{,}500n + 490{,}000$

가게 유지 비용에 대한 손익은 $1{,}500n + 490{,}000 - 535{,}000 \rightarrow 1{,}500n - 45{,}000$

이 값이 0보다 커야 수익이 발생하므로 $1{,}500n - 45{,}000 > 0 \rightarrow 1{,}500n > 45{,}000$

$\therefore n \ge 30$

즉, 최소 31명이 Take-out을 이용해야 수익이 발생한다.

38 ④

'바다'의 길이 되는 것이 '운하'이고, '고속도로'가 연결되도록 하는 것이 '터널'이다.

39 ①

비유적 대립 관계이다.

'자유'는 '빵'보다 귀하다. / 배고픈 '소크라테스'가 배부른 '돼지'보다 낫다.

40 ③

'카메라'는 '사진'을 찍기 위해 필요하고, '손전등'은 '빛'을 비추기 위해 필요하다.

41 ③

내실 성장 기조 확립, 사업 부문간 균형 성장, 신사업 기회 발굴, 환경 변화에 대한 능동적 대응이 기업은행의 4대 전략이다. 사회적 공헌활동에 대한 내용은 SWOT 분석을 통해 유추하기 어렵다.

42 ②

김 부장의 연봉은 6,000만 원이므로 매달 소득은 7,200만 원 ÷ 12달 = 600만 원이다.
매달 소득에 대한 세금 : 600만 원 × 0.025 = 15만 원
매달 소득에 대한 4대 보험 : 600만 원 × 0.045 = 27만 원(회사와 반반 부담하므로 4.5%)
대출금 : 46만 원, 보장성 보험 : 28만 원
김 부장의 매달 받는 실 수령액 : 600만 − 15만 − 27만 − 46만 − 28만 = 484만 원

43 ③

주어진 조건을 표로 정리하면 다음과 같다.

월	화	수	목	금	주말
고기	채소	가전제품	과자/커피	커피/과자	과일

44 ③

③의 내용은 [공문서 작성 및 처리지침계] 내용에 포함되지 않는다.

45 ④

문서의 내용을 일목요연하게 파악할 수 있도록 간단한 표제를 붙이는 것도 상대방이 쉽게 내용을 이해하는 데 도움이 된다.

46 ②

호텔 서비스를 받는 사람은 외국인에 국한되지 않으므로 투숙객이 옳다.

47 ④

환갑(還甲)은 61세를 의미한다. 60세는 이순(耳順)에 해당한다.

48 ③

30만 원 초과의 출장계획서는 최고결재권자(대표이사) 또는 전결을 위임받은 본부장에게 결재를 받아야 하며, 30만 원 초과의 청구서는 대표이사의 결재를 받아야 한다. 따라서 출장계획서의 최종 결재는 본부장이 전결받았으므로 본부장 란에는 '전결'을 표시하고, 최종 결재란에 본부장의 서명이 기입되어야 한다.

① 출장계획서는 본부장이 전결받았으므로 본부장에게 최종 결재를 받아야 한다.
② 청구서는 대표이사에게 최종 결재를 받아야 한다.
④ 출장계획서의 최종 결재는 본부장이 전결받았으므로, 최종 결재란에 본부장의 서명이 기입되어야 한다.

---

49 ④

최○○ 상무가 결재한 것은 대결이다. 대결은 전결권자가 출장, 휴가, 기타 사유로 상당기간 부재중일 때 긴급한 문서를 처리하고자 할 경우 전결권자의 차하위 직위의 결재를 받아 시행하는 것을 말한다. 대결 시에는 기안문의 결재란 중 대결한 자의 란에 대결 표시를 하고, 최종 결재란에 서명 또는 날인한다. 대결의 경우 내용이 중요한 문서는 표시를 해 두었다가 원결재자에게 열람하게 하고 그 내용을 보고하는 데 그친다.

---

50 ③

각종 위원회 위원 위촉에 관한 전결규정은 코리아 투자금융 직무전결표에는 없다.

---

51 ①

선배를 존중하는 태도가 매우 중요하며, 선배의 지도를 받고 자신의 생각과 다르더라도 처음에는 종래의 방법에 따라서 일을 처리하고, 자신이 상당한 책임을 가지고 업무를 수행할 수 있게 되었을 때 개선을 시도하는 것이 좋다. 제시문의 비서실장과 선배 비서는 엄연한 회사의 상사로 대해야 한다. 이런 직속 상사 간의 갈등관계를 사장에게 직접 보고하는 등의 행동은 바람직하지 않다.

---

52 ③

③ 갈등을 완화하려고 노력한다. 완화(Smoothing)란 갈등해소 방법 중 하나로, 당사자들의 차이를 축소 해석하고 유사성이나 공동이익을 강조하는 방법이다.

---

53 ④

①, ②, ③은 인터뷰 준비를 위한 업무처리 내용이고, ④는 인터뷰 사후처리에 대한 내용이므로 우선순위 면에서는 가장 낮다.

---

54 ①

거래처 최초 선정 시 또는 임원이나 동료의 추천 시에는 추천된 업체와 그렇지 않은 업체의 가격이나 서비스를 비교해 결정한다. 결정된 업체와는 일정기간을 유지하여 장기거래처로서의 이점을 활용해야 하지만, 오래된 거래업체라고 해도 가끔 타 업체와의 비교분석으로 교차점검을 하는 것이 바람직하다.

---

55 ④

④ 인간은 누구나 반대되는 의견이나 생각에 부딪히면 자연스럽게 반대의견을 펴게 된다. 하지만 상대방을 내 의견에 따르도록 유도하는 것이 아니라 굴복시키면 상대방의 자아에 심대한 타격을 주게 된다. 그러면 상대방은 적대감을 품고 복수의 기회를 엿보게 된다.

---

56 ③

조직의 의사결정과정이 정형화되어 있지 않아 더 창의성을 발휘할 수 있는 분위기에서 의사결정이 진행된다면, 적절한 수준의 내부적 갈등은 좋은 효과를 발휘할 수 있다.

---

57 ③

③의 경우 고○○ 상무는 기계의 성능을 모두 같게 보는데, E 사 제품이 성능 면에서 뒤처진다고 설득하는 내용이므로 고○○ 상무를 설득하기에는 부족하다.

---

58 ②

1분기와 2분기의 구매 비용에서 (가)안은 28만 원, 40만 원이고 (나)안은 42만 원, 20만 원이다. (가)안의 재고 관리비는 분기당 1만 원이며, 자재 구매비는 68만 원이다. (나)안의 재고 관리비는 3만 원이며, 자재 구매비는 62만 원이다. 따라서 자재 관리 면에서 (나)안이 4만 원을 아낄 수 있다.

---

59 ④

1회 순회배송(서울 → 대전 → 광주 → 대전 → 부산 → 대전 → 서울) 시 전체 운송비는 (100 + 500 + 400) × 2 = 2,000만 원이다.

---

60 ①

먼저 공급지 Y에서 수요지 A로 수송비 5만 원에 100톤을 공급한다(500만 원).
다음은 X → D로 5만 원에 20톤을 공급하고(100만 원), X → C로 6만 원에 50톤을 공급한다(300만 원).
마지막으로 Z → B로 수송비 7만 원에 80톤을 공급한다(560만 원).

---

61 ④

최단경로를 확인하면 A → B → E → G이다. 따라서 최단거리는 9 + 10 + 8 = 27km이다.

62 ②

출발지에서 S−A 구간에 보낼 수 있는 최대 운송량은 3이고 A−D, D−F 구간의 최대 운송량은 2이므로 최종 D−F 구간 수송량은 2이다.

S−B 구간에 보낼 수 있는 최대 운송량은 4이고 B−C, B−E 구간에 각각 1씩 수송 가능하므로, E−F 구간의 수송 가능한 운송량은 3이지만 F가 받을 수 있는 최대 운송량은 2가 된다.

S−A, S−B 구간의 최대 수송량이 C−F 구간 수송량 1보다 크고 수송 가능하므로, C−F 구간의 최대 수송량은 1이 된다.

따라서 각각을 합하면 2 + 2 + 1 = 5톤이다.

63 ④

현재의 운행비용은 25일 × 12회(4대 × 3회) × 100,000 = 30,000,000원이고, 운송횟수는 12회로 기존의 1일 운송량은 12회 × 1,000상자 = 12,000상자이다.

차량 적재율이 1,000상자에서 1,200상자로 늘어나므로 12,000상자 ÷ 1,200상자 = 10회의 운행으로 가능하기 때문에 개선된 운행비용은 25일 × 10회 × 100,000 = 25,000,000원이다.

그러므로 차액은 30,000,000 − 25,000,000 = 5,000,000원이다.

64 ①

C 사 지게차의 속도가 6km/h이므로 분당 이동거리는 6,000 ÷ 60 = 100m, 적재 운반에 걸리는 시간은 200m ÷ 100m = 2분, 평균 공차 이동에 걸리는 시간은 200m ÷ 100m = 2분, 적재와 하역시간은 각각 30초이므로 30초 + 30초 = 1분이 걸린다.

따라서 1대가 1회 작업에 필요한 시간은 5분이 걸리므로 1분당 1회의 운반을 위해서 5대가 필요하다.

65 ④

80명 중에서 70%의 인원이 1차를 통과했으므로 2차 시험에 응시한 사람은 80 × 0.7 = 56(명)이다.

이 중 $\frac{3}{4}$의 인원이 3차 시험을 응시했으므로 56 × $\frac{3}{4}$ = 42(명)에서 18명을 제외한 24명이 최종 승진에 합격한 것이다.

따라서 승진한 사람은 처음 인원 중 $\frac{24}{80}$ × 100 = 30%이다.

66 ②

20은 4의 배수이면서 동시에 5의 배수이므로, 20의 배수가 나올 확률 $\frac{1}{20}$은 빼주어야 한다.

따라서 $\frac{5}{20} + \frac{4}{20} - \frac{1}{20} = \frac{8}{20} = \frac{2}{5}$가 된다.

---

67 ①

- 2차 Test 전까지 생산된 계란을 x라고 할 때 : $x - \frac{10}{100}x = 270, x = 300$
- 1차 Test 전까지 생산된 계란을 y라고 할 때 : $y - \frac{40}{100}y = 300, y = 500$

따라서 500개를 투입하여야 최종적으로 270개의 정상 계란을 얻을 수 있다.

---

68 ③

- 비용개선 이전 : 10 + 25 + 20 + 30 + 20 + 15 = 120원
- 비용개선 이후 : 8 + 20 + 20 + 20 + 10 + 10 = 88원

∴ 120원 − 88원 = 32원

---

69 ②

계란 1단위 생산 시에 기존 공정에서는 120원이 들었지만, 개선 후에는 88원으로 32원이 절약되었다.

따라서 $\frac{32}{120} \times 100 \fallingdotseq 26.6$이므로 소수 첫째 자리에서 반올림하여 약 27%가 감소되었다.

---

70 ④

혈반 검사 단계는 비용이 10원 절감되었으므로 B에 해당한다.

I

B

K

취업시험 합격의 신화 에듀크라운

IBK 기업은행 NCS
직업기초능력평가
직무수행능력평가

발 행 일 2019년 1월 5일 개정판 1쇄 인쇄
2019년 1월 10일 개정판 1쇄 발행

저 자 이광진·김대성 공저

저자협의 인지생략

발 행 처 크라운출판사 http://www.crownbook.com

발 행 인 이상원

신고번호 제 300-2007-143호

주 소 서울시 종로구 율곡로13길 21

대표전화 02) 745-0311~3

팩 스 02) 766-3000

홈페이지 www.crownbook.com

I S B N 978-89-406-3606-0 / 13320

특별판매정가 18,000원

이 도서의 문의를 편집부(02-6430-7009)로 연락주시면 친절하게 응답해 드립니다.

I
B
K

취업시험 합격의 신화 에듀크라운

IBK

취업시험 합격의 신화 에듀크라운

I
B
K

취업시험 합격의 신화 에듀크라운